A SAGA
DO ESPÍRITO
O QUE TRANSPASSA O CONFLITO
ALÉM DA LEI II

Editora Appris Ltda.
1.ª Edição - Copyright© 2019 dos autores
Direitos de Edição Reservados à Editora Appris Ltda.

Nenhuma parte desta obra poderá ser utilizada indevidamente, sem estar de acordo com a Lei nº 9.610/98. Se incorreções forem encontradas, serão de exclusiva responsabilidade de seus organizadores. Foi realizado o Depósito Legal na Fundação Biblioteca Nacional, de acordo com as Leis nos 10.994, de 14/12/2004, e 12.192, de 14/01/2010.

Catalogação na Fonte
Elaborado por: Josefina A. S. Guedes
Bibliotecária CRB 9/870

F328s
2019
	Feltrin, Vanessa
	    A saga do espírito o que transpassa o conflito além da lei II / Vanessa Feltrin.
	    1. ed. – Curitiba : Appris, 2019.
	    155 p. ; 21 cm – (Artêra)
	
	    Inclui bibliografias
	    ISBN 978-85-473-3777-3
	
	    1. Direito. 2. Parapsicologia. 3. Filosofia. 4. Ficção brasileira. I. Título. II. Série.
	
	                                                                                          CDD – 869.3

Appris editora

Editora e Livraria Appris Ltda.
Av. Manoel Ribas, 2265 – Mercês
Curitiba/PR – CEP: 80810-002
Tel. (41) 3156 - 4731
www.editoraappris.com.br

Printed in Brazil
Impresso no Brasil

Vanessa Feltrin

A SAGA
DO ESPÍRITO
O QUE TRANSPASSA O CONFLITO
ALÉM DA LEI II

FICHA TÉCNICA

EDITORIAL
Augusto V. de A. Coelho
Marli Caetano
Sara C. de Andrade Coelho

COMITÊ EDITORIAL
Andréa Barbosa Gouveia (UFPR)
Jacques de Lima Ferreira (UP)
Marilda Aparecida Behrens (PUCPR)
Ana El Achkar (UNIVERSO/RJ)
Conrado Moreira Mendes (PUC-MG)
Eliete Correia dos Santos (UEPB)
Fabiano Santos (UERJ/IESP)
Francinete Fernandes de Sousa (UEPB)
Francisco Carlos Duarte (PUCPR)
Francisco de Assis (Fiam-Faam, SP, Brasil)
Juliana Reichert Assunção Tonelli (UEL)
Maria Aparecida Barbosa (USP)
Maria Helena Zamora (PUC-Rio)
Maria Margarida de Andrade (Umack)
Roque Ismael da Costa Güllich (UFFS)
Toni Reis (UFPR)
Valdomiro de Oliveira (UFPR)
Valério Brusamolin (IFPR)

ASSESSORIA EDITORIAL
Alana Cabral

REVISÃO
Isabela do Vale Poncio

PRODUÇÃO EDITORIAL
Lucas Andrade

DIAGRAMAÇÃO
Bruno Ferreira Nascimento

CAPA
Eneo Lage

COMUNICAÇÃO
Carlos Eduardo Pereira
Débora Nazário
Karla Pipolo Olegário

LIVRARIAS E EVENTOS
Estevão Misael

GERÊNCIA DE FINANÇAS
Selma Maria Fernandes do Valle

Aos aflitos que, iludidos pelo mundo material, sofrem a Saga do Espírito, que permeia cada sentir, pensar e agir.

O que é o sentir, senão uma metáfora?

A vida não pode ser colocada em uma teoria; ela é tão vasta, tão infinita! Pela sua própria natureza, uma teoria é fechada, precisa ser fechada; se ela é uma teoria, não pode ficar em aberto, senão deixará de ter sentido. A parábola fica em aberto; ela diz algo e, ainda assim, deixa muito por dizer; ela apenas dá a entender.

OSHO

PREFÁCIO

Sentindo-me extremamente honrada e enaltecida com o convite da autora para prefaciar a presente obra, intitulada *A saga do espírito – o que transpassa o conflito – além da lei II*, registro que se trata de um chamado à reflexão sobre o verdadeiro sentido da vida e as marcas que ficam na alma, mesmo quando a única coisa que ainda existe deles são memórias remotas; a música; a poesia; a paz de estar presente em cada momento; a complexidade das relações humanas e o universo peculiar de cada indivíduo, a partir das experiências vivenciadas.

Trata-se de precioso estudo, de autoria de Vanessa Feltrin, fruto da sua vasta experiência junto ao Sistema Judiciário de Santa Catarina, aliada à sua formação acadêmica na área do Direito e intensos estudos voltados à visão holística e transdisciplinar do Sistema de Justiça, à luz da Justiça Restaurativa, da mediação e da conciliação e da Parapsicologia Científica.

Tive o grande prazer de conhecer a autora no evento "O olhar da Magistratura para a Mediação Familiar", na Esmesc, no qual compartilhei a minha experiência com a Mediação Familiar na comarca de Itapema, oportunidade que fui presenteada pela autora com sua primeira obra, *Além da Lei*. A admiração, que bem sabemos se tornou recíproca a partir desse momento, não impede de evidenciar que se está diante de uma permanente pesquisadora que, deontologicamente, aprofunda-se nos seus objetivos.

Os textos atingirão o leitor de forma ímpar, particular e especial, porque simplesmente tocam em assuntos delicados para todos os seres humanos, tais como as nossas emoções, dramas, dores, mágoas, perdas, melancolias, saudades, labirintos e bifurcações.

A dualidade faz-se presente nesta coletânea de textos na esperança e falta dela; amor e desamor; alegria e tristeza; vida e morte; presença e ausência; luz e escuridão.

Palavras marcantes como filantropia, carinho, confraternização, sonhos, flores e sorrisos deixam transparecer a sensibilidade da autora e darão ao leitor a certeza de que a vida é um presente e devemos ser muito gratos por isso diariamente, em vários momentos do dia, inclusive, e pelas coisas mais simples.

Precisamos de obras assim, que falem de amor, com amor, empatia e solidariedade, pois como bem pontuou Daisaki Okeda, "Com a união de muitas pessoas em um único pensamento, constrói-se uma indestrutível fortaleza de pessoas capazes".

Parabenizo a autora pela coragem e sensibilidade e, principalmente, por escrever de forma leve, clara, carregada de sentimento e encantadora sobre temas tão custosos e enigmáticos.

Sabrina Menegatti Pítsica

Juíza de Direito.
Doutoranda em Direito pela Universidade de Salamanca, na Espanha.

APRESENTAÇÃO

Em 2016, publiquei meu primeiro Livro, intitulado *Além da lei – contribuições da Parapsicologia Pangrisiana nos movimentos emergentes de ecologia profunda no Direito*. Nesse primeiro livro, busquei alertar nossa sociedade e, em especial, os operadores do Direito, mediadores, conciliadores, terapeutas e educadores em geral acerca da importância de um novo olhar nas relações humanas, que vinham sendo compreendidas de forma fragmentada, reducionista, com ênfase no mecanicismo, na visão newtoniana de causa e efeito. Todos aqueles que lidam com situações conflituadas devem ter conhecimento acerca da complexidade da vida, da transdimensionalidade dos eventos, compreendendo os fenômenos relacionais humanos de forma transdisciplinar, e não simplesmente por meio de preconceitos (leis estanques, mecanicistas, que não levam em consideração a subjetividade dos seres humanos). A transversalidade é intrínseca à natureza das relações existenciais. Os meros conjuntos de leis não alcançam a complexidade humana.

Aqui, neste segundo livro, *A saga do espírito – o que transpassa o conflito – além da lei II*, estão implícitas, segundo essa visão transversa/transdisciplinar, tão verdadeira ao Direito e às relações interpessoais como um todo, a arte, a poesia, a filosofia, as tradições espirituais e a ciência. Essa linhagem manifesta, em uma linguagem metafórica, os sentimentos, os sofrimentos, as emoções, as vivências humanas, as epopeias, as trajetórias, os dramas cotidianos, as tramas, os emaranhamentos, ou seja, A SAGA DO ESPÍRITO, até então, não devidamente considerada, via de regra. Aspira-se transcender o reducionismo que se instaurou em nosso meio, e que simplifica/reduz o que em verdade é complexo.

Em um dos prefácios de minha primeira Obra, *Além da Lei: contribuições da Parapsicologia Pangrisiana nos Movimentos Emergentes de Ecologia Profunda no Direito*, o Prof. Paulo Roney Ávila Fagúndez elucida que "o Direito Vivo é o que poeticamente rege as nossas existências. Traz em seu corpo Leis Espirituais,

Naturais, que reconhecem a interconexão entre todos os seres. [...] O Direito Vivo é o que eleva espiritualmente o homem para que possa alcançar patamares mais elevados de sabedoria".

"A Saga do Espírito" revela os desfechos mais profundos que pululam nos seres humanos e que tecem a teia dos destinos, das ações, dos relacionamentos. Para uma compreensão da Saga do Espírito, é inexorável ultrapassar o pensamento concreto, a visão de causa e efeito, alcançando o pensamento abstrato e a física quântica com a não causalidade dos eventos. Os textos são portas que possibilitam transportar o leitor a um novo estado de consciência, são como setas que apontam para algo além, algo que é construído nessa interação, são como pranchas de Rorschach[1], nos quais cada leitor contribuirá com o alcance de sua percepção. A Física do século XXI nos alerta que o observador interfere naquilo que observa. Assim, o texto só é construído a partir dos sentimentos, lembranças, reações, compreensões, geradas nesse enlace com o leitor. Boa leitura!

---

[1] Teste projetivo utilizado pela Psicologia.

SUMÁRIO

1 A ESPERA 19

2 A ESCULTURA 20

3 CANÇÃO 21

4 PARTÍCIPES 22

5 A PAZ 24

6 HOSPEDAGEM 25

7 PERMANÊNCIA 27

8 MOMENTOS 28

9 ESPERANÇA 29

10 EXUBEROS. 30

11 HIPÉRBOLE 32

12 A CONTAGEM 33

13 JASMIM 35

14 O COFRE 36

15 CORAÇÃO 37

16 SEDUÇÃO 38

17 FILANTROPIA 39

18 O GOSTO 40

19 BURACOS NEGROS 41

20 A VELA 43

21 SUAVIDADE 44

22 A TEIA 46

23 O INVISÍVEL 47

24 RABECÃO 48

25 UNGUENTO 49

26 O BILHETE 52

27 SOLIDÃO 53

28 A CURVA	. . . .	54
29 MELANCOLIA	. . . .	55
30 A GALERIA	. . . .	56
31 AMANHÃ	. . . .	57
32 O AMULETO	. . . .	58
33 ADEUS	. . . .	60
34 TALVEZ	. . . .	61
35 EUFEMISMO	. . . .	63
36 AMÉRICA	. . . .	64
37 REMINISCÊNCIAS	. . . .	66
38 O ORFANATO	. . . .	67
39 NORTESUL	. . . .	68
40 DIGRESSÕES	. . . .	69
41 AMPLITUDE	. . . .	70
42 A FRAUDE	. . . .	71
43 O VÉRTICE	. . . .	72
44 RELENTO	. . . .	73
45 AS HORAS	. . . .	74
46 VELOCÍMETRO	. . . .	75
47 O TROTE	. . . .	76
48 AONDE VAMOS?	. . . .	77
49 O TATO	. . . .	79
50 COLISÃO	. . . .	81
51 MANCEBO	. . . .	82
52 SABATINA	. . . .	83
53 GENTILEZA	. . . .	84
54 AMÉM	. . . .	85
55 JOCASTA	. . . .	86
56 A RATOEIRA	. . . .	87
57 O PEDESTRE	. . . .	88
58 ATMOSFERA	. . . .	89

59 O GESTO. 90

60 A SENTINELA 92

61 HEMISFÉRIO 93

62 JUSTINIANO. 94

63 INFÂNCIA 95

64 CONSOLAÇÃO 96

65 CUSTÓDIA ELEGANTE. 98

66 A TESE 99

67 A MINA 100

68 O SACRIFÍCIO 101

69 VALENTIA 102

70 A RODA 103

71 TACITURNO 104

72 ANTECIPAÇÃO 106

73 ESMERALDA 107

74 XENOFOBIA. 109

75 O PALANQUE 110

76 ALICE 111

77 VILIPÊNDIO 112

78 MONASTÉRIO 113

79 O SAIBRO 114

80 A GELEIRA 115

81 O PLANETA 116

82 O ROSTO 117

83 O JAGUNÇO 118

84 O DISCURSO. 119

85 O PARTO. 120

86 ANDRÔMEDA 121

87 PLÁCIDO 123

88 CENTOPEIA 124

89 O VIAJANTE 126

90 RETICÊNCIAS 127

91 JUVENTUDE 128

92 RASTEIRO 129

93 VERSÕES 130

94 RELATIVO 131

95 O HOMEM 132

96 A GOTA 133

97 GUADALUPE 135

98 MISANTROPO 136

99 PACIÊNCIA 137

100 QUARTZO 138

101 CENSURA 139

102 GUACO 140

103 A ESCUTA 141

104 PLACEBO 143

105 ANSEIOS DO SABER 144

106 FÉTEDRO 145

107 BLASTÓPORO 147

108 A SERPENTE 148

109 BENEDITO 149

110 BRASÃO 150

111 O BERÇO 151

112 RASTREIO 153

1

A ESPERA

Na beirada da cama, estava sentado aquele homem, sem saber o que fazer a seguir. Não encontrava resposta para seus desacertos. Queria voltar atrás, mas já não havia como desfazer o que havia feito em um ímpeto. Queria despir-se da própria pele para não se lembrar de quem fora, não poderia suportar viver com as duras consequências da realidade estampada em seu ser. Quantos seriam os erros para apagar um acerto? Chorava então. Um choro cansado, já sem ter a quem recorrer, em si mesmo encontrava o consolo das noites mal dormidas. Queria saber recomeçar, mas olhava para o alto, sempre para o mesmo ponto, e estava perplexo e paralisado diante de seus próprios atos, que o assustavam ao ponto de não se reconhecer mais quando se olhava no espelho por horas sem encontrar sequer um vestígio daquele que fora no passado. Procurava incessantemente, mas já não havia mais nenhum brilho. Fartas lembranças. Ninguém do seu lado. Jazia sozinho. E se o seu destino fosse esse, o aceitaria. Assim, era possível crer que havia opção, que ainda lhe havia sido concedido o poder da escolha. Era uma crença a qual precisava se arraigar, ou não seria mais possível persistir, lutar pela própria existência. Mas saberia ele reconhecer seus limites? As perplexidades de seu tempo, suas vitórias e derrotas, a perda do acaso, sentido do nada na busca da perfeição. Somos seres que não perdem por aguardar nossos próprios remorsos absortos na tragédia cotidiana de nossos sonhos pretéritos. Guardei minha melhor roupa para esse dia. Eu mesmo a vesti, não aguardei que ninguém o fizesse por mim. E aguardei que chegasse, não seria eu capaz de fazer o contrário. Não queria eu olhar para o outro lado, na ausência sua e de todos.

2

A ESCULTURA

Quantas vezes te chamei antes que pudesses escutar? Quantas vezes te olhei? Teria sido outra nossa história? Participei a ti todos os meus medos, os anseios, tudo aquilo que me maltratava a alma por não compreender. Selei nosso pacto com tudo o que havia de mais sagrado. Quando olhei para o lado, tu não estavas mais lá. Havia seguido teu caminho. Em um primeiro momento não acreditei, achei que seria transitória a separação, que seriam apenas lampejos de ignorância nos rondando enquanto estávamos embevecidos com outros olhares. Mas então os dias foram passando, e a casa permanecia vazia. Nem um sinal. Olhei para o relógio. Sete e meia da noite. Era o horário de nossos hábitos. Fiz tudo como costumava fazer. Coloquei a mesa do jantar e celebrei contigo. Ainda sentia tua presença que jamais deixaria meu ser. Quando todos estávamos aqui, tudo poderia ter sido vivido. Não eram nossos estratagemas expressões da mais pura sabedoria, mas ainda assim era possível viver. Guardávamos em nós algo raro. Quem se reúne agora diante de mim? São apenas as sombras do que havia sido. Ou esperam estar corretos diante dos imprevistos? Guardamos a lembrança da noite fria. O que mais me surpreende são os relatos. Uma vez fomos tocados por essas memórias. Não foi dessa vez.

3

CANÇÃO

Pensei que ainda não tivesses chegado. Tamanha foi minha surpresa na janela quando te vi adentrando à residência. Pés descalços com um olhar de recomeço. Dançava a música mais bela e me olhava nos olhos com ares de quem sabia o que estava por vir. Por que partiste Maria? Se em tuas mãos eu pude ver o que restava desse romance. Naveguei em teus mares. Outro dia viria? Perguntei-me. Lamentei teu sono, tua morte. Gelada. Ouvia-me questionando os motivos e as razões daquilo. Nem podia saber do futuro, das promessas do que viria. Nos jornais, a notícia trazia lamento. Um longo caminho começava a ser traçado. Nem tanto pelas benesses, mas pelo pranto, pedi a ti para voltar. Olhei para o céu daquele dia chuvoso e aguardei. Dia após dia eu esperei, e fui chamado de insano por isso. Pelo que não pude me justificar. Suavizei o caminhar. No lamento dos dias, equalizei minhas perdas e mais uma vez aguardei. Não mais por ti porque agora eu já sabia que não voltarias. Mas por ela, aquela que não tem nome, que singela se esconde por entre as frestas. Eu não vi ninguém. Isso foi o mais estranho. Eu ouvi as vozes, mas não vi ninguém. Um manto branco estendia-se ao chão. Deitado sobre ele uma lembrança. O que não volta mais, Tereza. Um tapete dobrado sendo levado. Vejo apenas as pernas, pois me escondo embaixo da cama para não ser visto pelo que fiz. Então me compreende apenas uma vez. Qual é esse mistério? Segue-me, não me leves a mal. Era apenas um princípio, uma razão. Não era outro o sentido, mas a dança permanecia. Segue meus passos. Não me olhes em vão. Tatuei teu nome em meus braços. Então não te vás mais uma vez.

4

PARTÍCIPES

Sempre tive a impressão de pertencer a um outro lugar, o que pode parecer clichê, se não fossem pelas evidências que apareciam cada vez mais marcantes. Eu estava sentada em uma mesa quando vi aquele rosto pela primeira vez. Olhos vivos que olhavam em minha direção. A escolha que eu fizera não fora com a intenção de sabotar você, mas apenas indicar um novo caminho, um sinal que trouxesse a outros encantos, e não àqueles que já conhecíamos tanto e se repetiam ano após ano sem surpreender mais a ninguém. Todos já sabiam dos resultados. Éramos três e nos conhecíamos há longa data. Olhávamos nos olhos uns dos outros, revezando-nos na indiferença de nossos dias. Percebi que o toque foi apenas gentil, não intenso, apenas indicava a chegada de um novo elemento, aquele que não poderia deixar de vir e apresentar um tropeço diante de nós. Essa roda agora girava e tornamo-nos conflitantes nessa mesa. Quando então fui adiante, deixando todos atônitos me olhando, percebi o quanto havia contribuído para a formação desse sintagma. E apenas olhei para trás uma única vez, para ter a certeza de que deixei uma marca, mesmo que fosse nesse silêncio profundo que agora se fazia presente. As penas começaram a surgir, novas fantasias anunciavam o carnaval que estava por vir. Essa lembrança me acompanhava aonde quer que eu fosse. E as lágrimas chegavam aos meus olhos, um pouco tímidas, mas constantes, certeza de que eu não viveria aqueles momentos novamente, que foram apenas plumas desfeitas pelo tempo. Sinto muito em lhe dizer, mas agora quero seguir. Não sou mais aquele de antes, sou fera na estrada, arremesso de sonhos, lampejos, um relâmpago que se ouve ao longe. Queria eu ter percebido antes a estratégia de meus dias, de minha fonte, no começo, quando tudo ainda era verdejante e sussurrava para mim as memórias do que seria vivido. Mas agora penso que já chega. Já foram muitos os lamentos e as despedidas, seriam outros os arranhões? Em minha vida, tudo fora passando em imagens rápidas e confusas, que se embaralhavam diante de nós, nada fora visto com nitidez. A cegueira esteve sempre ameaçando com seus olhos úmidos, já não era mais um sonho, mas uma realidade nosso martírio. Sorte a nossa não ter vivido essa época, diriam os sábios, mas seria esta época outra? Ou tudo permanece como sempre fora, nos hábitos de nossos contemporâneos que insistem em saber um pouco mais. Encontros e despedidas me trouxeram até aqui. Agora me apresento novamente diante de você e peço: veja-me como sou, e não mais a você mesmo refletido em mim, para que eu possa ser então na plenitude da aurora deste dia um pouco mais do que fui antes, tendo a certeza de existir e não mais apenas de passar como uma nuvem em frente de minha plateia.

5

A PAZ

Permaneço aqui, guiando cada passo seu. Quando me pediu para ficar, era um dia de verão, como qualquer outro aqui onde estou. Mas aí era diferente. E a passagem do tempo enganava os sentidos. A sutileza dos instintos, das ilusões, nos prognósticos de fracassos. Segurei sua mão e aguardei que fizesse força. Nunca a soltei, mas também não senti sua presença. Agarrava-se a outros estímulos, balançando a cabeça desnorteada por inseguranças que balizavam o ser, gerando limites imaginários embalsamando os sonhos e guardando-os para o amanhã, uma posteridade que não chegaria jamais, por ser o momento presente o único verdadeiramente legítimo, que incita boas vibrações e a certeza de uma caminhada serena na luz. Lamento por ti. Um lamento genuíno, e não aquele que enfatiza a dor e a dificuldade na escalada de nossos maiores desejos. A maioridade para ser alcançada exige tomada de decisões astutas e destinadas ao prosseguir. A maior de todas as conquistas já é realidade em nossos corações. Somos a sombra de nós mesmos e jorramos eternamente o amor divino habitado em nós, que impulsiona em direção ao mais alto grau de percepção. Permanece aqui comigo o que tenho para te dar.

6

HOSPEDAGEM

É mágico o que posso dizer, o que posso refletir e desmentir sobre tudo o que vivi. Não foi verdade a história que contaram. Apenas uma farsa foi apresentada para fazer parecer bem feito, o que em verdade foi apenas um falsete, algo que parecia acontecer, mas sempre esteve predestinado a falir, a desaparecer antes de vingar, antes de mostrar-se ao mundo, de florescer enquanto um projeto. Parecem duras as palavras que te digo, mas seria preferível esconder nossas reais intenções a ferir-te com a lança do que passa a aparecer, depois de tanto tempo? Meus reais motivos podem ser vistos se olharem um pouco além nos tempos, um pouco adiante de quando nasci, de quando estive aqui. Saberias me dizer que nome daria para isso? Para essa derrota que vivemos dia após dia, sem termos tempo para viver nosso luto por nossas perdas diárias que nos é imposta sem termos a opção de viver esse destino de outra forma? Eu chamaria ironia para evitar olhar para o lado mais sombrio de tudo isso, e perder-me para nunca mais voltar a olhar nos teus olhos, por vergonha de compartilhar essa existência, que nem poderia ser chamada dessa forma, se não fossem por aqueles que não desistem jamais de buscar uma saída para tudo que se apresentou desde os primórdios. Então me diz, caro irmão! És tu também parte disso tudo? O que fazes aqui? Além de contemplar as misérias, os percalços, tudo que deveria ter sido, e não foi... Ah, mas não posso te pedir que faças diferente, ou te ofenderia com minhas ríspidas palavras que impedem e atrapalham teu passeio por entre as poucas flores que encontras, e te prendes a elas... quem seria eu para desviar-te de teu caminho sem volta, que volta sempre para o mesmo lugar, e não enaltece nem enobrece a ninguém, apenas silencia ao final, para ver-se desfeito e esquecido sem ter ao menos a chance de dizer: eu vivi! Então, segue meu amigo, não tomarei mais teu tempo. Permanecerei absorto em meus próprios pensamentos, que é onde podes me encontrar se prestares atenção. Então saberás por que vim.

7

PERMANÊNCIA

Nas imagens distorcidas, vi no espelho o que eu não queria ter visto. Senti suas mãos em meu peito, sabia que eu precisaria de seu apoio para poder suportar o que eu viveria. Não seria fácil suportar todo o peso de vivências tão mal terminadas. Apenas uma boa dose de bom humor seria capaz de amenizar o trote dos mal-entendidos, das maledicências, de tudo que seria tão feio, e incapaz de expressar com perfeição a realidade de nossa alma. Tudo era pela metade, tão pobre. Apenas rabiscos, nada expressivo. Ah, se eu pudesse lhe mostrar tudo que eu sabia, antes de você surgir, você não teria que passar por tudo isso. Mas nem tudo é como deve ser, e ainda assim, é como é, e nada pode ser dito ou vivido sem que antes exista em um outro lugar. Peço perdão por minhas faltas, não seriam tão minhas se não fossem estancadas e despedaçadas. Quando eu pudesse lhe dizer minhas vitórias, seríamos então capazes de nos compreender, mas isso seria muito depois das tragédias, aquelas indispensáveis ao nosso caminhar. Mas eu lhe digo, nada é como pensa, apenas uma breve impressão tem da realidade, nossos medos não são expectativas verdadeiras de nosso ser, são como sombras, penumbras que nos acompanham para nos lembrar de quem não somos. Mas se apegam tão facilmente. Não nos deixam seguir. Mas eu posso te dizer que ainda há esperança. Parece muito distante o tempo em que tudo se desfaça, mas é tudo tão fugaz. Se eu ainda estivesse aqui, dir-lhe-ia para seguir, sem olhar para o que passou. Afinal, quem somos nós, senão poeira no tempo, aquilo que se esvai para nunca mais voltar? Eu queria apenas lhe passar essa mensagem. O amor manifesta-se de várias maneiras, e uma delas é esta. A imensidão do vazio, do que se refaz, e não espera, segue. É apenas nesse momento que posso me sentir viva, realmente, quando tenho a certeza do que é eterno.

8

MOMENTOS

Os segundos passavam. Olhava no relógio e contava cada um deles. Apenas não percebia que nada se modificava. O cenário era o mesmo. Modificavam-se algumas paisagens, mas nada que impedisse de viver sempre a mesma história. Tudo acontecia muito rápido, e de repente levaram todos os cômodos. Não restava mais nada. No jardim, apenas a grama molhada pela chuva. Roupas molhadas que contavam uma estória. A presença de algumas pessoas não aliviava a dor. Nada mais era, apenas seria. Olhe nos meus olhos, esqueça minha intolerância, e reserve um minuto para mim, quero apenas lhe servir, olhá-lo por outro ângulo. Agora sinto um colorido, que se aproxima, o vazio passa a ser preenchido, e há algum espaço ocupado agora. O absoluto se preenche com algumas parcialidades, percebo. Preferências, gostos, opções. Qual seria o sentido dessas vantagens? Não perceberiam que seriam apenas momentos e nada mais? Pensariam estar envoltos pela mais pura verdade e felicidade quando se banhassem do mel das imperfeições e das impermanências? Preferiria não ter nem percebido essa realidade e ter vivido com os demais, mas algo me chamou, vi uma luz mais forte, que me mostrou que logo mais ao longe havia uma porta, e nela um portal se abria, e levava a um outro estado, uma nova percepção... nem seria fácil de dizer de uma vez por todas que não voltariam os algodões-doces... nem seriam minhas atitudes as mesmas de antes, apenas um arquétipo se faria a todo instante notado, perceptível a todos, e não mais apenas àqueles que faziam parte desse quintal. Guardo minhas memórias em um local muito especial. Nada será perdido. No coração, resta o carinho por todos aqueles que fazem parte dessa história. Nem penso em dizer não, apenas aprecio a paisagem. Sossego em meu próprio louvor.

9

ESPERANÇA

Na esfera de nossos prejuízos, tive a chance de olhar de outra forma os mesmos acontecimentos. Muitas foram as interpretações, todas elas parciais e cheias de esperanças, que não trariam de volta nada do que havia sido. Salvei tua imagem para depois. Guardei o estereótipo de nossas evoluções, nossos balanços, aquilo que se mostrava mais belo, verdadeiro, com novas expectativas e tudo pareceu tão pequeno. Seremos novamente ar e poderemos transparecer nossas visões antes que tudo seja levado? Costumávamos brincar que nada se modificaria, que veriam nossos sorrisos para sempre, unidos, em uma brincadeira eterna, que jamais passaria. Mas os ventos sopraram em outra direção... fomos arrastados pela correnteza, tentamos ao máximo segurar nossas mãos, até que o derradeiro suspiro se fez presente e nunca mais nos encontramos novamente. Restou apenas a saudade e a desesperança. Mas ainda não desisti. Somos como peixes que podem novamente aparecer, não seremos mais os mesmos, mas ainda restará algo a ser dito, sufocado em nossos pulmões agora a ser expelido. É certo que sim, que ainda há um caminhar, mesmo que lento, pés que se esbarram, são focados e mudam de direção, sem saber aonde ir. Dança comigo?

10

EXUBEROS

Quantas razões teria eu para eternizar este momento? Poderia lutar com todos os artifícios para não deixar que fosse embora o brilho deste presente que se manifesta com esplendor no ápice da trajetória, quando tudo é encontrado e percebido com clareza. Não pairam mais as dúvidas. As revelações são certeiras. Mas o que é efêmero não se perpetua. Sinto derretendo. No fim e no começo de tudo que já passou. Senta-te agora ao meu lado. Vê-me, enxerga o que há de mais profundo. Chegam até o estômago as ondas que vêm de tua oratória. Que ferem. Agora não sou mais como antes. Tuas palavras fundiram-se ao meu ser.

Todos os casebres eram muito próximos uns dos outros e podíamos ouvir o que diziam, e aquela presença externa em nossos lares era sempre presente. Nunca estávamos realmente sozinhos. Sempre havia uma palavra que invadia o local sem ser convidada, muitas vezes surpreendendo até mesmo os ouvintes mais habituados às indecências da vida cotidiana. Sempre havia algo mais, e aqueles que falavam pareciam querer ser ouvidos. Nada do que saía de suas bocas era endereçado a outros. Eram mesmo os lares os destinatários de todo imbróglio que se apresentava. Se não fossem por eles, como dividir o fardo das más compreensões? Por mais que se fechassem portas e janelas, sempre havia um jeito de fazer penetrar o chamado por socorro. EU QUERIA OUVIR! Essa é a verdade. Jamais fui capaz de me ausentar desse enlace. Quando então, ao cair da noite, todos se encontravam em praça pública, era o momento de vestirmos as máscaras e opinarmos sobre a melhor forma de condução de todo o processo. Podíamos então esbravejar e buscar novos rumos para tudo aquilo que parecia não ter solução. Eram sempre os mesmos planos e percebíamos que havia alguém que não se manifestava. Ficava afastado, um pouco além de nós. Foram alguns meses até que percebêssemos sua presença. Quem seria? A partir daí, distraímo-nos. Nunca mais voltamos a discutir novamente os problemas comuns. Queríamos decifrar o mistério, quem seria aquele ser que nunca chamara a atenção de forma alguma? Era ele nossa salvação. Não precisávamos mais nos ocupar dos problemas banais, agora todos os olhos miravam aquele que nos era estranho. Certo dia, estávamos todos nós discutindo o destino a ser dado a criatura tão exuberante, quando um trovão foi ouvido e sentido com firmeza. Guardamos nossas cadeiras e voltamos às nossas casas, a tempestade era anunciada. Mas deixamos as cortinas abertas, pois queríamos ver o que aconteceria com aquele ser caso se molhasse. Com certeza, algo ocorreria. Talvez até mesmo falasse, protestasse contra a chuva gelada que cairia em seu corpo, provavelmente feito da mesma carne. Mas a chuva não veio. E ficamos então mais uma vez sem saber. Indecisos quanto às nossas próprias expectativas. Não nos reuniríamos mais. Era chegado o momento de esquecer todas as tentativas. Viramos as costas para aquele ser para sempre. Mas alguém o observava. Só assim seria possível sua existência. Todas as noites, ao entardecer, ele batia em nossas portas. Eram três as batidas. Nenhuma a mais, nenhuma palavra. Depois de algum tempo, escreveu uma carta. Aguardou que todos fossem dormir, e colocou-a embaixo da porta de cada um de nós. Na carta, agradecia por todos os anos de convivência. Foi embora e nunca mais voltou. Mas ainda o aguardamos. E temos a esperança de vê-lo novamente. Olhamos para o horizonte e é ele quem vemos despontando ao longe, em nossas imaginações. Seriam miragens?

11

HIPÉRBOLE

Na mesma casa em que vivera por toda a sua vida, encontrava-se um menino. A madeira a sua volta, a mesma de quando nascera. Naquela casa fora concebido, e de lá não saíram nem um instante. Sempre ali estivera. Os mesmos habitantes sempre ali habitaram. Eram os mesmos de antes, em uma reviravolta que se anunciava desde os princípios. O chão de terra batida. Nele, pouco ou nada florescia. Via-se muito pouco. Em volta da casa, nada frutificava. E aqueles que estavam por perto, nada faziam. Ninguém sequer se movia. Como estátuas, pareciam. Não havia nem mesmo um princípio de movimento. A mesma chuva caía há décadas. As mesmas gotas, o mesmo sol, as mesmas vidas e rotinas, naquilo que se desfazia. Quando não restava mais nenhum átomo do que havia sido no começo, tudo se refez, mas com os mesmos padrões. Havia algo, ao redor de tudo se organizava. Era a mola propulsora do que se repetia, o que não permitia que se refizessem os trajetos, o que estagnava, e era tão firme que não havia quem pudesse modificar, estava plantado naquela terra, que nada dava, mas esse era sim muito bem estabelecido no chão. E esse, ninguém conseguia retirar. Era só o que iria adiante, o que já era, seria até mesmo um paradoxo, se fosse visto com muito cuidado. Era ali que estavam todas as sementes, imantadas por esse espaço, no qual tudo era encaminhado. Ali estava a força da vida, tudo em volta era apenas uma sombra. Podemos nos aproximar um pouco mais.

12

A CONTAGEM

Alguém se apresenta diante de nós, pede uma chance para se expressar. Implora por nossa atenção, dança, faz malabarismo, rodopia, usa roupas coloridas, nariz de palhaço, uma lágrima escorre de seus olhos, e flutua em nossa direção. Toca nossa pele, que absorve essa lágrima, fazendo-nos um só ser. A partir de então, já não podemos nos separar, somos um no outro, a mesma história. Algo que não se desfaz, que apenas parece estar distante, mas o que nos tocou não parte jamais. Saberemos um dia sobre isso, mas por enquanto não. Não quero ver tua face, repudio-te. Sai de perto de mim, a distância me faz bem. Tua dança me fere, você não sou eu e eu não te quero. Permaneço encolhida. Lembro do teu sorriso, me faz bem, mas ainda não posso, não quero estar perto de ti. Doeu-me muito a experiência. Você se afastou de mim, na verdade não fui eu. Agora percebo, você partiu. E a saudade queimou meu peito, preferia nunca ter vivido tudo isso. Quero ir embora daqui, para não mais sentir esta amargura que poderia ser vista de longe se fossem outros os olhos que olhassem. Qual o motivo para essa vivência? Poderia eu nascer de novo se tivesse coragem de agora sair daqui? Me leve daqui. Vejo esse palhaço de novo, tem um sorriso, agora verdadeiro. Mas está morto, tudo acabou. Nem eu mesma estou ainda aqui, então por que ainda me sinto neste local? O que permeia que ainda traz essa lembrança, ainda machuca? Seriam resquícios de nossos eus esquecidos ao longo dos tempos? Essas estórias permanecem em nós, passam muito rápido, mal percebemos, é tudo tão corrido, tão impermanente. Sabemos que vai passar, mas não acreditamos quando realmente nos vemos diante do passado. Tudo é incerto e já somos outras pessoas. Não nos reconhecemos e lamentamos por isso. Temos o desejo de retornar, mas já não é possível. Queremos mais do mesmo, ou seriam outros planos, outras babilônias? Quando puder te dizer a verdade, então estarei aqui novamente. Antes disso, não me aguarda. Não retornarei. De mim, terás apenas as lembranças.

13

JASMIM

Quando abri a porta, e vi que eras tu quem vinhas me visitar, não pude conter o espanto. Jamais pensei em te ver novamente diante de meus olhos cansados, não nessa existência, esperava apenas te ver em uma outra ocasião, quando já não carregássemos mais o peso de nossas histórias, nossos trajes antigos, tudo o que já era arcaico e obsoleto por nossos próprios sentidos, que já podiam perceber que nosso tempo havia passado, ficado para trás, e nada mais nos restava a não ser seguir vivendo até que encontrássemos o fim da estrada, despedindo-nos, com a esperança de uma nova história, dessa vez sentindo o frescor de tudo o que recomeça, com outras nuances, um semblante rejuvenescido, não mais desgastado pelas constantes derrotas que se impingiam em nossas falsas conquistas. Mas era isso mesmo, eras tu quem eu via. Contive meu primeiro ímpeto de rechaçar tua presença, por todas as engrenagens que continha preparadas para disparar na primeira oportunidade que se fizesse presente. Mas assim, contendo-me, acolhi teu olhar. Comunicava-me por gestos, por estar também cansada dos meios convencionais, que, de modo geral, nada informavam, apenas replicavam falsas crenças que se repetiam por muitas gerações. Em nossos gestos, encontrei um novo sentido para nosso relacionamento. Retribuí a delicadeza. E fiz-me também entender por meio de um sorriso. Esse não podia apreender toda a beleza do momento, esse não enclausurava os sentidos e as emoções em sua pequena jaula que se tornava maior do que nosso próprio motivo de ali estar. Foi então que tudo recomeçou.

14

O COFRE

Saí por um instante. Na sala, sozinho, você ficou por apenas esse momento. Mesmo assim, o que teria feito? Seria esse questionamento o início de toda a confusão? Quando não se pode ter certeza, melhor deixar fluir...

15

CORAÇÃO

Os guardiões se postaram diante do grande castelo. Muitos em volta aguardavam a saída do Rei. Era ele imponente diante de seus súditos? Era ele o mais capacitado para mostrar o caminho? Muitos marchavam em sua direção. Caminhavam sem muito refletir. Os passos marcados, não viam o que havia em frente. Quando a ponte cedeu, permaneceram trilhando o mesmo caminho. Mesmo que à frente caíssem ao mar, ainda assim, não modificavam a direção de seus trajetos, ainda assim seguiam fiéis ao descaso do que se mostrava agora mais forte. Mas em certo instante, alguém surgiu. Saiu de dentro do castelo, gritando, alardeando a chegada de um novo tempo, cabelos compridos, encaracolados, ia de um lado para o outro, em uma dança frenética, mostrando a loucura do que havia sido até então. Quando ela veio, e chegou mais perto dos que estavam contemplando, viu-se em seu rosto a expressão do mais puro pavor que alguém pudera sentir. Queria ela também se jogar com aqueles que sem querer caíam ao chão. Mas sua intenção era proposital, ao contrário dos que caíam por não perceber o que ocorria. Ela não! Conhecia todos os passos.

16

SEDUÇÃO

Quando contei pela primeira vez as perdas e ganhos de nossos encontros, então percebi que nada seria mais como antes. Eram apenas momentos que nos separavam dos outros, mas mesmo assim fazia-se intensa a diferença de nosso sentir, pensar e elucidar nossos contatos. Prostramo-nos diante do que era desconhecido. Não recuamos. Queríamos sempre mais e nada nos era suficiente. Apenas a espada não poderia nos conter. Em nossa coragem, tudo mais seria possível, e ganhávamos muito em prosseguir nessa estrada. Ouvíamos os sinos ao longe, anunciando nossos desejos e vontades. Nada seria mais belo do que nosso amor, nossos enfeites e rabiscos na mesa, anunciando uma tragédia que nos competia enxergar. Apenas aos outros era possível saber. Nós estávamos entregues ao momento que parecia não passar, enquanto em nossas malas colocávamos toda a esperança e tudo de que precisávamos para alcançar a felicidade. Então partimos felizes. Nada mais nos seria preciso. Enfim encontrávamos um ao outro. Quando a primeira pedra desmoronou? Em qual instante tudo começou a ruir? Todos os nossos planos adormecidos. Mas ainda te guardo no peito. Presto a ti essa homenagem. Presença eterna que guardo em mim. Aqui ficou e estarás.

17

FILANTROPIA

Vasculhei as gavetas do inconsciente antes de me arriscar a esse instante no qual me atiro com todas as forças ao encontro da órbita sagrada do querer. Haiti. Vejo-te aqui em meu ser, sinto cada uma das dores e gemidos do teu povo. Ontológico destino o teu, que se exaspera em verticais insinuações de poder. Quisera eu ser parte disso tudo, poder saber quando se perdeu a fonte de toda a pureza e a alegria que um dia pudera aqui existir, se não pelos poréns, eles todos fantasiados, prontos para jogar em nossa face toda a miséria e o sofrimento que poderia existir. Convida-me à sua casa? Necessito de um abrigo. Não esqueço minhas origens, mas compreendo a expulsão que agora é nosso presente, nossa realidade mais visceral, que jamais poderemos esquecer, em nossas almas esquecidas, que parecem não existir, mesmo quando clamam e oram por reparação. Ah, aqueles que vieram, esses em nada nos auxiliaram, apenas compuseram um pouco mais seus personagens adormecidos, que não podem ver a realidade dos acontecimentos. Vem comigo, quero te mostrar minha casa. Aqui é feito de barro, e não há nenhum outro lugar. Não há casa. Essa é a minha casa, o meu chão, umedecido pelas tragédias que nos assolaram. Vivemos em eterna aflição, nada nos é dado ou compreendido. Somos apenas parte deste mundo? Ou nem estamos mais aqui? E já partimos há tempo aguardando nossas recompensas em outra esfera, na qual seremos então reconhecidos por nossos martírios? Sonhamos com esse dia, da libertação de nossos desencantos. Mas enquanto isso, olha por mim. Ainda vivo, ainda pulsa em mim uma emoção. Algo que me faz crer em um amanhã mais hostil... Inocentemente adentraram em nosso campo, e daqui tudo levaram, não restou sequer um rio de esperança, e agora, desnutridos, somos a força propulsora de toda a transformação. Essa Terra também é nossa.

18

O GOSTO

Gostava de se ver no espelho diariamente, esmerando-se em parecer sempre bela e jovial. Não conhecia os desprazeres da vida, e planejava se ocultar quando o anoitecer lhe trouxesse o verso da moeda, revelando nuances as quais não estava preparada para sentir.

19

BURACOS NEGROS

O quadro era irreversível, foi dada a notícia. Não estaria mais entre nós em poucos meses. Agora se ressentia por toda a incompreensão que havia vivido enquanto estivera aqui. Olhava cada marca de expressão em seu rosto cansado, e sabia, momentaneamente, onde havia adquirido cada uma delas. Subitamente, adquiriu uma super memória, e se lembrava de cada minuto de sua vida, a qual ainda não havia tomado conhecimento até aquele instante, naquela tarde de verão. Encontrando-se com as pessoas que mais estimava, viu-as pela primeira vez, olhou-as, fixamente, lamentando ter de partir tão cedo, quando as recém tinha visto pela primeira vez. Falhava-lhe a memória em relação aos fatos mais desagradáveis, e tudo havia se tornado tão belo e significativo, nada mais era tardio e irresoluto. Já passava do horário que habitualmente iria para casa, quando decidiu se estender um pouco mais. Naquele dia era possível romper os hábitos já preestabelecidos, os quais havia seguido rigorosamente por tantos anos, sem saber que era possível fazer diferente. Então viu o pôr do sol, e se deslumbrou diante da impermanência do dia, que se despedia, escondendo-se para ressurgir depois. Quando a noite chegou, não soube mais o que fazer, tudo perdeu o sentido, quando sentiu que seria a eterna que o aguardava agora, que seria tragado por buracos negros que o levariam para sempre, sem a chance de pedir para ficar. Não poderia mais controlar suas previsões, tudo seria novo e nem seria, pois da mesma forma não seria, e isso equivale a um não ser, pensou. Desesperou-se por um momento, chorou, urrando a dor e o pranto da percepção de sua pequenez diante do que parecia tão sólido, fixo e aos seus pés. Tinha o domínio de tudo, sempre sentiu dessa forma. Era o soberano de sua existência, hábil na arte de seguir os rumos programados a si desde que nasceu. Todos lhe haviam dito o caminho a seguir, e ele seguira fielmente, jamais questionando qualquer ordem, orientação, que lhe tivesse sido dada. Nunca refletiu, meditou, e era aqui tudo o que conhecia, cria e vivia. Quando uma criança passou ao seu lado, trouxe-lhe lembranças de sua infância, quando havia descoberto que não éramos eternos. Lembrou-se de uma pequena dor que havia se instalado em seu peito pueril, mas que havia sido rapidamente substituída por distrações colocadas à sua frente, já que uma criança não deveria pensar sobre o assunto. Viu então que a dor permanecera, levemente encoberta, mas prestes a eclodir no momento exato em que fosse estimulada, o qual havia chegado. A mãe da menina levou-a, possivelmente estranhando aquele homem que fixamente olhava para sua filha, e naquele instante, fez a primeira despedida. Despedia-se de sua inocência perdida, esforçando-se para se levantar e se preparar para o instante seguinte. Um misto de ternura e melancolia ocupava suas emoções, e o desespero era amenizado agora, já havia forças. Mas quando sentia essa robustez, perguntava-se o motivo da presença, já que não havia nenhum trabalho a realizar. Era o momento do fim, do término, o ponto final, o que se esvai. Mas inesperadamente se alegrou. E nada mais precisava ser dito.

20

A VELA

Sonhava com o dia em que seriam felizes novamente. Queria contemplar a todos com o que havia de melhor dentro de si, revelando sua melhor face, e encorajando-se para amar a todos com a mesma força do princípio. Não queria jamais a injustiça, essa feriria a todos, que prefeririam a morte a ter de viver mais um só dia mergulhados em algo que não os elevava, apenas gerava mais sofrimento aos que já estavam cansados das mesmas desculpas, que se repetiam.

21

SUAVIDADE

Sabe quando as curvas aparecem no final da estrada e tu te perdes ao tentar desvendar o caminho? É nesse exato momento que tudo começa, todo o atropelo dos dias mal vividos acumula-se e pesa diante de ti. Quase pude perguntar se havia entendido o que tinha dito, mas não tive tempo nem para inspirar o primeiro toque. Esqueci-me de meus próprios motivos, e segui sem saber onde estava o néctar do que havia sido nossos melhores dias naquele local. Na serenidade do meu pranto, encontraste tua melhor esperança. Seríamos outros se não fossem pelas mazelas de nosso tempo? A vida se mostrou dessa forma e não pude negar quando tudo ocorreu. Todos pareciam confusos, embaraçados, corriam de um lado a outro, esbarrando-se uns nos outros. Os gritos eram ouvidos de longe, sentidos, esperavam a chegada do momento seguinte. Pobres almas aquelas, que sussurravam lamúrias na calada da noite, aguardando que outros viessem para tomar seu lugar. Quando amarrados seguiam, pés descalços, mal podiam compreender o que aconteceria. Penso que o presente foi recebido antes da hora, aberto antes do tempo. Mãos ligeiras o tomaram e tudo ficou vazio. No centro, o nada, a ausência, por tudo o que havia sido levado. Permaneceram por longo período olhando para esse local, esperando que alguém devolvesse o que havia sido tomado. Mas os anos se passaram, as crianças cresceram, e nunca houve retorno. Então, nesse mesmo local foi erguido um templo. Já não fazia mais sentido esperar, mas sim cultuar o local, com as recordações do que havia sido levado, o preenchimento era tão pleno, muito mais do que antes. Agora tudo era compreensível. Dançávamos em volta do centro, e nunca deixamos de olhá-lo.

Esse é o sinal, quando somos capazes de ver muito além de nossas próprias virtudes, então podemos sensibilizar e iluminar nossa história. Mas é preciso paciência e dedicação. Só então renasce o sentido de nossos holocaustos.

22

A TEIA

Guardava o silêncio como sua melhor esperança. Eram tantos os anos perdidos, lamentava o vivido. Queria sempre estar atenta aos sinais, mas não fora essa a sua sorte. Realmente os fatos eram outros, e a torcida por sua vitória era insuficiente. Os retalhos no chão poderiam ser juntados, mas queria outras memórias.

23

O INVISÍVEL

NAS VÍSCERAS, encontro o silêncio
NAS VÍSCERAS, estão as memórias
NAS VÍSCERAS, um lago, um destino
NAS VÍSCERAS, a alma perdida
NAS VÍSCERAS, o encontro com o nada
NAS VÍSCERAS, minha alma sagrada
NAS VÍSCERAS, esnobo o destino
NAS VÍSCERAS, retrocedo ao meu cálice
NAS VÍSCERAS, encontro o caminho
NAS VÍSCERAS, resguardo das horas difíceis
NAS VÍSCERAS, prospecto o turno da noite
NAS VÍSCERAS, encontro contigo de novo
NAS VÍSCERAS, senti tudo vindo outra vez
NAS VÍSCERAS, guardei tua melhor encomenda
NAS VÍSCERAS, pus-me novamente de pé
NAS VÍSCERAS, trouxe-te uma marca, uma mancha
NAS VÍSCERAS, rezando por dias melhores
NAS VÍSCERAS, tapei meu sinal, minhas mãos
NAS VÍSCERAS, levo-te daqui amanhã
NAS VÍSCERAS, tapete de sangue no chão
NAS VÍSCERAS...

24

RABECÃO

Já havia colocado antes que não estava preparada para os acontecimentos pretéritos. Os planos já estavam transformados, pela sina desfeitos. Os trapos, jogados de um lado para o outro, indicando o caminho oposto ao silêncio. Rabecão. Descalça na praça, guardando segredos. Fumava um cigarro. Escondia a fumaça. Queria ser outra. Jogada na esquina. Escondia as vergonhas. Sabia de tudo. Queria outra vida. Chorava de ódio. Estava perdida. Guardava minhas estranhas perdições e maltratava o esgoto. Rebelava-se de mau grado contra os que passavam sem vê-la. Escorria a maquiagem. Chorava em silêncio.

25

UNGUENTO

Não permiti que se aproximasse de mim. Não deixaria que dissesse suas últimas palavras sem antes revisar tudo o que havia vivido. Sabia que se arrependeria mais tarde caso se movesse pelo ímpeto irracional de lhe vomitar as palavras sem refletir sobre cada uma delas, que com certeza feririam cada um de nós. Todos nós havíamos falhado com ele, sem exceção. E isso seria suficiente para que derramasse sobre nós toda a culpa e retrocesso de nossos erros vãos. Ele saberia se recompor se assim o fizesse. Olharia para cada um de nós, dessa vez com piedade, e saberia nos distinguir um a um de acordo com nossas fraquezas mais arraigadas. Percebendo que não éramos outros, senão escafandros em busca de paz, dirigir-nos-ia um último olhar, complacente. Sentiríamos apenas a brisa de sua passagem, desejando que estivesse conosco por mais um momento. Dessa vez faríamos diferente? Honraríamos suas conquistas e suas dedicações? Não, não o faríamos. Mais uma vez erraríamos. E persistiríamos em nadar em meio ao lodo que nos cerca, e que já preenche cada vazio de nossas entranhas, com nossas célebres recompensas malfadadas. Por tanto tempo pensávamos estar corretos, orgulhando-nos de nossos blefes. Não sabíamos que o dia chegaria. O dia em que ele partiria. Deixando-nos incrédulos diante de nossos próprios martírios. Nenhuma palavra poderíamos dizer, não teríamos força para refazer nossos primeiros intentos. Éramos outros, já não mais os inocentes que aqui chegaram em um primeiro momento. E queríamos tanto voltar atrás, que nada tivesse acontecido daquela forma, que fôssemos então amigos, nem que fosse uma única vez, um único gesto de amizade que tivesse se estabelecido entre nós, seria o bastante para resplandecer por todo o universo nossa vitória primordial. Mas tudo são trevas aqui, e nada resta a fazer, a dizer, a ser, a ouvir, a externar nossas convicções. Somos seres famintos, que não titubeiam antes de arrancar a carne de nossos próprios irmãos, que se apresentam diante de nós implorando por um pouco de atenção, e um único gesto de amor genuíno, que possa amenizar sua dor. Não são essas as palavras que gostaria de dizer. Há muito tempo nos deixou. E tudo aqui escureceu. As trevas, elas estão aqui. Vejo-as a cada dia crescendo no coração de meus filhos, e lamento. Lamento. O quanto não veem, não podem enxergar uns aos outros e a mim. Apenas seguem vazios, vendados os olhos que para sempre executam a mesma tarefa. Passeando entre os cadáveres, sem vê-los e senti-los. Olhando sempre para o outro lado. Nada pode tocá-los. Genocídio. Minha mãe me disse para ter paciência. Mas meu coração aflito por vezes perde a esperança. Vejo os que por aqui passaram e tanto se sacrificaram em nome de vocês. O Reconhecimento é uma virtude a ser desenvolvida com urgência. Ao menos uma virtude deve ser desenvolvida, eu vos peço. Ponho-me aos teus pés. Para implorar por vossos irmãos. Estão sofrendo e necessitam carinho e confraternização. Todos os vícios devem ser abandonados. O tempo urge. Não conhecemos outros mundos e somos nós os responsáveis por este que conhecemos. Muitos pensam que tudo pode ser feito em nome deles, mas há limites, e nós mesmos temos dificuldades em voz abrandar o coração em tantos momentos. Somos responsáveis por nossa missão e não desistimos de vós. Mas precisamos do vosso apoio e auxílio para que possamos ter algum alento e esperança de nossos dias em nosso prospecto de existência. A vida vos é dada como um presente que precisa ser cuidado, nada é descartável como pensam. A nossa companhia segue ao vosso lado, estamos desejosos que reorientem seus caminhos. E não cabe a nós julgá-los, apressá-los ou reivindicá-los. Nossos oponentes também trabalham arduamente. E têm suas respectivas missões a lhes entojar a mente como depósitos de ignorância e sofreguidão. São astutos na arte de envolvê-los o coração. E muito nos machuca vê-los dominando-os com seus méritos e deméritos. As lanças atingem o peito, labaredas de fogo queimam a alma. E não nos é dado intervir, pois cabe a cada um reconhecer o inimigo e torná-lo amigo por meio de seus pensamentos e sentimentos. O amor nunca esteve presente. Não são nossos votos que tudo permaneça assim. Cada ser é um com cada um. E o que é dito em palavras é preciso internalizar.

26

O BILHETE

Havia uma rosa que acompanhava um bilhete. Algumas palavras escritas sem o propósito de chocar ou apaixonar ninguém. Apenas um pequeno verso, endereçado a quem quer que fosse, sem destinatário certo. Estavam nele contidas as emoções de um velho homem. Ali tinha colocado todas as suas intenções, de uma vida inteira. No bolso do paletó, estava guardado. Não havia quem o buscasse e destinou-se ele mesmo entregá-lo a alguém. Saiu pelas ruas da cidade, de bicicleta, procurando um olhar que o reconhecesse. Seria essa a pessoa para quem entregaria, aquela que o fisgasse com o olhar. Dentre tantas outras pessoas, foi você quem encontrei. E a você destinei essa bela flor. Entregando todo o meu amor, para todos esses anos bem vividos ao lado seu. Muitos foram os dias felizes, os pés enlaçados em uma valsa eterna. Agora sim, sinto esse cobertor enlaçar-me e são muitas as histórias que quero lhe contar.

Estava eu, certo dia, encolhido em um canto, aguardando o resto de meus dias, quando surgiu alguém e me estendeu a mão. Como compreender o que aconteceria depois? Se não fossem estes os estímulos, nossos precipícios tão próximos nos esperariam de braços abertos para nos engolir e levar para outra dimensão... quando então estaríamos cobertos pela gélida neve de nossos outonos que contrariam as expectativas de nossos ancestrais. Cavalgue comigo pela tempestiva de amorfa cela de nossos gatunos que espreitam à espera de um pequeno vacilo para atracarmos em um porto de redenção. Guarde esperanças de nosso júbilo sagrado, a fonte eterna do ser angelical. Busque equilíbrio entre o estetoscópio e a espada, a esfera e o ângulo, de nossas visões parciais que antecipam o caminhar.

27

SOLIDÃO

Qual o limite da esfera do ódio quando encontra o outro ser, a quem destina toda a sua ira... É quando tudo se revela, os motivos, tudo o que havia ficado escondido e esquecido, e que aguarda o momento ideal para eclodir em elações de nossos próprios egoísmos. Somos agora absortos em nossos pensamentos premeditados que nos chamam a seguir naquela direção. Não temos tempo de refletir se seria mesmo aquele o melhor caminho, apenas nos jogamos em um forte impacto de nossas predileções, quando então tocamos o chão, estamos inclinados a nos levantar apenas quando alguém passa, e nos vê. É esse o sentimento que nos move. A própria torpeza da noite escura. Tens um minuto para mim? Quero te contar quando pela primeira vez o senti. Restavam poucos minutos para o anoitecer, na areia da praia o desespero, tudo que se descortinava. Estávamos em quatro, e buscávamos a todo custo encontrar as razões para continuar em frente em nosso plano maquiavélico. Queríamos para nós todo o ouro e a prata. Perdemos nossos próprios princípios e nos atiramos ao mar, nadávamos o mais rápido que podíamos, tentando chegar do outro lado. Mas era tão distante, que nos perderíamos ao mar, mais uma vez, no balanço das ondas, encontraríamos nossa constância, seria nossa desesperança, quando nos agarraríamos em um bote salva-vidas. Por ali ficaríamos algum tempo, o sol nos queimando, mas resistíamos, e por alguns instantes vivenciávamos a tranquilidade. Era seguro permanecer. Não morreríamos afogados, afinal. Tudo era uma questão de tempo até que alguém passasse e nos desse uma chance de subir ao barco. Quando esse dia chegou, subi ao convés, e uma nova história começou.

28

A CURVA

Na noite incerta, ela inseria seus lamentos pela primeira vez na página de retrocessos. Guardava um bom cálice para fazer valer os anos de experiências mal contadas que organizavam as gavetas de um novo ser. Quando olhamos pela janela, e vimos o cavalo pisoteando-a, tivemos a certeza de termos sido negligentes. Agora, tudo era pranto e luto, mas quando tivemos a oportunidade, não olhamos o suficiente, e nem dedicamos nosso tempo para abortar a situação. Nesse momento, no velório de nossos sonhos, aguardávamos a chance de expressar nosso pesar. Condolências à família da noiva, diríamos. Mas já estávamos embevecidos pela tragédia que parecia nos consumir, em uma avalanche de sentimentos que se misturavam, confundindo as intenções e orientando nossos próximos passos. Quando saímos em cortejo, conosco já estava ela presente. Acompanhava cada passo, e recordava de sua vida sofrida que não havia encontrado sequer um lampejo de lucidez. Eram iminentes calvários, os que aguardavam todos que a seguiam, isso ela sabia. E passara a gritar em seus ouvidos acerca dos perigos que os aguardavam. Mas estavam surdos, e seguiam em uma dança frenética que a todos embalava, cientes de suas próprias limitações. Mas não desistiria ela, de lembrar a todos que ali um dia estivera, e que sonhara os mesmos sonhos dos que agora a ela diziam adeus, crentes de que sua fala apresentava alguma congruência com a realidade em si mesma. Já era tempo de despertar.

29

MELANCOLIA

Poucas foram as razões para eu me desprender de você, mas ainda assim prevaleceram. Engrandeceram-se elas e permaneceram maior do que qualquer motivo para ficar. Era chegado o momento da despedida, e eu levaria comigo todo sentimento que havia vivido por todos esses anos. Nada poderia ser maior do que o vazio que sentia ao partir. Então era para lá que caminhávamos todo esse tempo? Sem perceber, havia sido essa nossa órbita? No sentido do abismo, era esse então nosso último sentir. Não gostaria que assim tivesse ocorrido, preferiria eu viver todos os meus dias ao lado seu. Jogávamos cartas e assim passávamos a maior parte do tempo, em silêncio. Eram apenas nossas almas que se comunicavam, mas essas jamais calavam, estavam sempre admirando, amando, e não poderiam jamais pensar em separação. Quando fomos arrancados desse local, o pranto agigantou-se, e o que nunca esperávamos aconteceu, um adeus, até breve ou jamais. Fechei a porta de uma vez por todas, e sabia que a partir dali não mais o veria, e até mesmo as lembranças se apagariam, era chegado o momento do fim. Quando começava eu mesma a apagar meu próprio ser, e eu mesma muito em breve também seria apenas uma recordação na mente de alguém, e quando nem mais isso restasse, seria a morte enfim? Não havia mais qualquer registro de minha passagem, minha existência, a qual eu havia me apegado com todas as forças, arraigando-me aos momentos que pareciam eternos quando vividos. Minha homenagem eu presto agora, a você e a todos os que partiram, que suas lembranças sejam eternas, mesmo no silêncio do vazio eterno, que permaneçam como vibrações, aqueles que já se foram, mas ainda estamos aqui.

30

A GALERIA

Maria caminhava entre as demais lavadeiras que habitavam o local. Perdeu-se entre os sorrisos daqueles que a admiravam quando passava, sempre almejando um ponto além daquele que alcançara em mais um dia sorrateiro, que não era senão a repetição do anterior. Quando divinamente caiu em meus braços, acolhi-a, como quem recebe a mais fina flor. Não visualizei os deméritos, apenas aquilo que resplandecia em ebulições instantâneas de puro furor. Quanta audácia! Querer capturar o momento como quem aprisiona o símbolo de toda uma geração... Não seria possível, e me contentaria com seus lábios carnudos, sedentos de um até logo que não se concretizaria jamais. Quando me ausentei de seus rodeios, colhi os melhores frutos desse encontro primaveril. Nunca mais vi você passar. Já não mais ali vivia, e eu me perguntava se algum dia estivera, ou se fora apenas uma sensação permitida por meu senil discernimento que não acompanharia mais as transformações que passaram em miríades, e que não se deixavam fotografar. Quando nos vimos diante do absoluto desconhecido de nossos horizontes passados, enfraquecidos pela falta de cor, que se torna fato indubitavelmente, fomos tragados por violentas emoções, e tudo fica para trás. Gerusa também presenciou todos os meus atos. Como espectadora de todo o drama, afastada de meus reais sentimentos, mas avaliando cada atitude, que lhe cortava a alma quando não correspondia ao seu próprio desenho que havia feito de mim, em uma pintura na qual encaixava em um determinado aposento. E quando segui em outra direção, as peças não mais se completaram. Voltei ao começo, quando a vi passar pela primeira vez.

31

AMANHÃ

Fazia apenas três anos havia nascido. Não sabia ainda se equilibrar diante do que a vida oferecia. Olhava de longe algo que se aproximava. Não há nada nesse local que ainda não tenha visto, pensei. Logo reconheci tratar-se do mesmo lugar. Não era a primeira vez que eu estava aqui. Era o meu retorno essa Era. Marcaria todos os meus passos, fincando uma estaca em cada lugar que eu passasse. Ali eu estive, esse seria o meu recado. Ah, não deixaria passar em branco minha estadia. Essa seria sentida por todos os que pudessem ver. Deixaria um suave vento refrescando a todos por quem eu passasse. Sentiriam um pequeno calafrio. E procurariam, ah, procurar-me-iam, mas eu já estaria em outros mares. Estaria sorrindo, e um barco me levaria para muito longe, e eu teria apenas uma vaga lembrança de ter por aqui passado. Já estaria muito distante, quando me chamassem de volta, clamando. Então eu me sensibilizaria por aquele chamado, e retornaria mais uma vez. Sentiriam novamente a brisa gelada. E eu estaria invisível. Alguns acenderiam uma vela em meu nome, e eu, zombeteiro, a apagaria. Todos se questionariam então, e intensificariam suas orações. Apenas para que brotasse desse local mais uma vez a chama. Eu observaria a todos novamente.

32

O AMULETO

Quando senti tua presença pela primeira vez, veio de muito longe. Dobrava o quarteirão, mas eu sabia que já estava lá. Sabia que a partir dali tudo seria diferente, e ao mesmo tempo, completamente igual a um tempo que já havia passado há muito tempo. Não era outra a minha esperança que não a lembrança de te ter novamente em meus braços, como da primeira vez na esfera dos tempos, da história, quando tudo se iniciou. Sabia eu que nada seria como antes, mas que todos parariam para nos ver passar, através de nossos conflitos, o que se veria seria nossa própria amizade, nossas metas diante do nada. Então te conto algo agora. Sempre soube que viria. Mesmo quando eram outros os tempos, diziam-me que algo existia, uma história a ser vivida, uma lembrança a ser encontrada, uma sorte a ser lançada, e vivida. Não foram outras as impressões que tive. Havia um semblante esquecido. Eram outras as vivências, e algo estava partido, e permanecia escondido por trás das marcas de expressão, eu te via tão distante, não conseguia alcançar tuas mãos, você estava indo para sempre, eu não te veria mais então, e por que viveria? Se não fosse para recordar você... não haveria outra razão para existir, se não fosse por mim, mas há muito eu havia esquecido de mim, só havia você, e eu não poderia mais permanecer diante de mim. Então veja, eu sinto sua presença novamente, está tão distante, em outra galáxia, talvez, muito longe, mas eu sinto, e me dá a esperança de vê-lo de novo, para que tudo aconteça novamente, nossa dança, no vai e vem da história, das estórias, de nossos encontros e partidas, de nossas estrelas para onde olhamos por tanto tempo, e agora não estão mais ali. Apenas em nossas recordações. Então me aguarda, por favor. Quero permanecer contigo. Apenas um pouco mais, não vá. Preciso de você. Quando nossas mãos se encontraram novamente, a alegria renasceu, e em meu coração ardeu novamente a chama de viver. A morte não mais me alcança, engano-a, a partir de agora. Não poderá me levar, pois estou em outro local, dimensão, já não pode me ver, transcendi minha própria existência e é graças a você, anjo meu, imensidão de meus dias, seria uma miragem sua presença? Já não sei, mas agora tenho a certeza de que vivi, aprendi, eu te vi, eu me vi, eu nos vi. Eu posso te sentir.

33

ADEUS

Na sabedoria do meu enredo, nada permanece escondido. Tudo posso revelar diante daqueles que não creem em si mesmos, mas apostam em mais uma tentativa de se verem livres de suas mazelas, que os atormentam quando estão sozinhos, e não precisam ocultar seus reais sentimentos, aquilo que transpassa o ser, envolvendo-os em remorsos cotidianos.

Caminhávamos em uma rua, e não havia mais ninguém. As casas estavam vazias, tudo havia sido abandonado. Todos haviam deixado seus últimos apegos e partido rumo a um novo local. Mas os poucos que permaneciam, ainda recordavam o passado, de quando o planeta havia sido devastado pela última avalanche. Desta Era que pode aqui ser sentida, mas que se esvai aos que podem ver. Os que estavam aqui ainda se lembravam, melancólicos de tudo o que para eles havia sido possível. Vá em paz. Até breve!

34

TALVEZ

No compasso do meu coração, encontrei minhas últimas revelações. Esses últimos momentos foram muito diferentes do que eu imaginara para mim. Achara que partiria tranquilo com uma masmorra aguardando do outro lado, o que não seria surpresa para ninguém. Os anjos do céu me fariam uma festa, parabenizando-me por todo o trabalho prestado. Todos se reuniriam em meu nome, e honrariam minha trajetória. Mas quem não estava lá? Muitos, muitos os quais ajudei, ensinei, e mostrei tudo o que poderia ser transformado. Quando me feri profundamente com tudo o que eu ouvi, não pude mais aqui permanecer. Precisei partir, e lamentei deixar alguns sofrendo, os que me seguiram, e levaram adiante o que eu havia prescrito. Por esses ainda derramo lágrimas, poderás senti-las se prestares atenção. Estou aqui, e vejo tudo. Sei de tudo o que está acontecendo por aí. Eu vejo cada um de vós, no ódio que se contém debaixo do que se mostra. Meus próprios amigos me traindo, e esquecendo-me como a um velho bobão. Então é isso, vou-me embora, e apenas observo o que fazem, pondo tudo a perder. Não é fácil. Não é fácil estar à frente. Quando todos gritam ao seu redor, e clamam por um pouco de luz. E quando já não há mais essa luz, o que pode ser? Ficamos perdidos. Levantamos um certo dia e sabemos: este é nosso último dia! Agora acabou. Já demos nossa contribuição e podemos nos unir ao Pai. Esse sim que tudo compreende e acolhe. Então somos embalados, e nos lembramos de quando éramos crianças, cheios de sonhos, e sonhávamos em ser muito grandes. Muito grande serei, e cá estou, na pequenez de meus dias, à espera de uma outra oportunidade. Ah, quero voltar e desta vez não mais tropeçar. Sinto por ti. Siga em paz. Glória ao pai. Que Deus te abençoe. Adeus. Ei, ainda estou aqui, não me fui. Vê-me, não te esquece de mim. Esse adeus não é verdadeiro, é apenas um até logo, e seguiremos novamente, eternamente buscando não mais errar tanto. Somos seres imperfeitos, mas não desisto jamais! Mas estou um pouco cansado, confesso. Ajuda-me, põe-me de pé, mais uma vez, preciso que me apoies, sempre precisei. Não duvides de minha presença. Ainda estou no mesmo local, e tenho dificuldade em compreender as movimentações. Ouçam-me. Eu ainda estou aqui. Quero contar uma história, mostrar uma coisa, tenho tanto a dizer. Não querem mais me ouvir? Eu senti, eu senti, não querem mais me ouvir. Isso me causa profunda tristeza. Ainda não pude compreender. Mas é isso...

35

EUFEMISMO

Na juventude de minhas perspectivas, planejei todo o recomeço. Não seria capaz de recordar todos os detalhes dessa descoberta, mas é certo que havia muito em jogo, todo o despertar de emoções, honestidades e unções de todos os que sofriam. Orquestrava todos os episódios. Batizei minhas próprias lembranças por um nome que depois não compreendi. Esqueci. Não lembrava mais nada. Tudo fazia parte de um passado muito distante. Interesses opostos conflitavam em meu ser. Levavam-me a lados opostos, e tudo parecia ser permanente. O que havia sido jogado no chão, ali ficava. Ninguém se levantava. Quando alguém de fora chegou, surpreendeu a todos, acostumados com suas rotinas medianas que nada acrescentam a qualquer um de nós. Então souberam questionar quem traria a chave de todos os mal-entendidos… Não quiseram apenas assistir, quiseram organizar todos os próximos movimentos como quem é capaz de fazer, por já ter feito a vida inteira, por já conhecer os caminhos e as razões para seguir. Mas não havia nenhum retrospecto. Era tudo recente e mal percebido pelos jovens olhares. Uma falta de compreensão tamanha que todos se olhavam sem saber o que fazer, não havia um raio de luz, uma gota que saísse da torneira e fosse capaz de matar nossa sede. Exteriorizamos nossa pior versão. E tudo ficou tão medíocre. Fardos a carregar, nossos próprios corpos, carregamos, os nossos e os dos outros, vamos carregando vários, todos os que permanecem e jamais se desintegram e pesam em nossa alma que já não sabe mais aonde ir.

36

AMÉRICA

Uma estrela jogou-se. Urrava de dor ao cair ao solo. Não tinha mais temperança ou entusiasmo em existir. Largava-se ao próprio destino. Tinha em suas mãos o sangue que ainda escorria dos restos mortais de todo aquele que ali havia estabelecido sua morada. Gentis projetos os que foram apresentados, mas nenhum deles honesto verdadeiramente. Todos falsificados pelas simplórias visões dos que o haviam gestado. Um labirinto de mágoas e ressentimentos que apenas apontavam um caminho um pouco refratário à trajetória. Lançamo-nos novamente nessa empreitada. Jargões, alguns queríamos utilizar. Preferiríamos a morte a ter que repetir os mesmos gestos de nossos ancestrais. Orçávamos nossos próprios balancetes, quando verificamos nossas próprias contas nas mãos de outros, os que aqui não pertenciam, e estavam apenas de passagem. Duras penas nos aguardavam, nada seria esquecido. Alguns tesouros foram guardados, mas só o que restava agora eram pequenas lembranças do que havia sido no princípio, erguíamos um castelo de areia, e não queríamos esse resultado, mas aquele que existia apenas em nossas férteis imaginações, essas sim, complemente dissociadas de qualquer realidade que pudesse se materializar. Quando a virada dos tempos chegou, ao meio-dia, uma nova música começou a tocar, e adentrávamos em uma nova era, essa ornamentada por muitas guerras e derramas, as quais não lembravam em nada o recomeço de nossos principais arremedos. Quanta incompreensão! Triste epopeia essa que nos arremessa ao relento de nossa pátria ferida, nossa terra sentida, diante de si mesma que já não pode mais sorrir. Elementares radiações nos atingiram também. Não fomos poupados de nenhum dos males do século, tudo nos foi apresentado e absorvido com resignação. Na restinga, fizeram-se presentes os vassalos de nosso povo sofrido, e na estratosfera nos foram retiradas as possibilidades futuras. Lembro-me do recomeço. Está presente. Ainda há uma faísca, algo que ainda pulsa e nos endereça às nossas próprias razões de viver.

37

REMINISCÊNCIAS

Trago para você a melhor fabriqueta de sonhos que alguém já possa ter inventado. Quase soubemos organizar nossas vestes festeiras antes que se aproximasse o batalhão inimigo e nos cravasse no peito a flecha de nossos maiores receios. Faríamos todo o possível para reverter esse quadro. Não gostaríamos de sentir o peso de nossos martírios em nossos fardos cansados. Ainda nutríamos sentimentos de gratidão por todo o exército, que não nos parecia culpado por qualquer latrocínio que ocorresse. Alimentávamos uma espécie de exorcismo ou masoquismo diante do que nos era oferecido. Lamentávamos sim alguns contratempos, mas a real história, esta sim, não a enxergávamos. Estávamos embriagados pelo cheiro da pólvora, que nos enfeitiçava e nos trazia motivos para seguir. Não seríamos nós, covardes, para desistir de nossos próprios desígnios aos quais havíamos nos dedicado tão firmemente, desde quando nos dispusemos a prestar nossos serviços à Nação. Geograficamente, não era a melhor escolha, mas mesmo assim permanecíamos fiéis aos nossos princípios herméticos, os quais não eram descartáveis diante de um simples perigo. Éramos bravos guerreiros sim, essa é a mais pura verdade! E nos orgulhávamos profundamente disso, em uma espécie de narcisismo exacerbado, o qual não nos levava a lugar nenhum, mas dava algum sentido às nossas vazias existências, preenchidas pelo temor do ostracismo social que nos ameaçava constantemente com seus olhos escuros focados sobre nós. Seríamos heróis sim, mas jamais desistentes de nosso combate. Lutaríamos até o fim, marchando incólumes por entre os rochedos. Olharíamos nos olhos de nossos parceiros, e aí sim, nós nos despediríamos com todas as honras. Quando fechássemos nossos olhos pela última vez, teríamos a certeza de nosso dever cumprido, pela pátria, enfim!

38

O ORFANATO

Na vastidão de nossas misérias, encontramos resquícios de liberdades escondidas em nossas ilusões de poder. Trapaceamos a todo tempo para poder ocultar nossos reais propósitos. Somos chamados a disfarçar nossos instintos secretos os quais nos levam sempre um pouco além do permitido. Jamais seríamos capazes de nos fortalecer pela verdade. Seria muito para nossas pequenas distrações as quais nos repisam as armadilhas de nossos dramas cotidianos. Languidamente escondi por trás da porta uma intenção. Ninguém a poderia ver, e seria eu certo de estar mostrando o melhor de mim. Certamente seria condecorado por meus méritos que apareciam reluzentes. Esboçava algum contentamento por esta vitória, a qual me levaria aos mais altos degraus da torpeza. Realmente, eu era mais, muito mais do que pensava. Poderia até mesmo tripudiar do destino de todos aqueles que eu sentia não existirem. Quando o vento soprou, e tudo foi exposto, sem me perguntar ou pedir permissão, fui tomado da mais genuína surpresa. Jamais pensaria que pudesse ocorrer, eu que estava protegido por todos os acatos e desacatos de nossa sociedade, o estroboscópio que nos levava a crer sermos invencíveis na manutenção do *status quo*. Pena não poder compartilhar com você toda essa minha história. Seria muito rica se eu pudesse ao menos fazê-lo sentir tudo o que eu senti e pensei naqueles dias de falsas vitórias. Poderia aí sim você compreender, estando em minha própria pele e vivenciando cada prazer que senti, as emoções do descabido, do colóquio incerto de nossas precárias situações. As reticências, estas você já as conhece, e pode até sentir pena por mim, mas não está capacitado a viver dentro de meu existir. Não pode compreender, apenas se vier até mim. Venha!

39

NORTESUL

Deslizava sobre o gelo o rapaz ferido. O sangue escorria e se misturava ao lago congelado que produzia uma mistura de cores que embelezava e atraía os curiosos. Havia sofrido um corte profundo, desses que não curam jamais, apenas cicatrizam e fazem parecer ter desaparecido, mas estão sempre lá, bastando um simples chamado para emergirem orgulhosos de sua persistência enquanto navalha que é a alma dos desavisados. Eu tive a chance de te avisar que uma vez penetrada a lâmina, jamais haveria novamente a ingenuidade dos nossos primeiros contatos, mesmo assim, eu vi apenas rastro teu, e não pudera te puxar pela cauda, evitando assim seu naufrágio. Hoje me olha, sedenta por encontrar novamente meu primeiro aviso, e por encontrar apenas compaixão e piedade, volta-se para o outro lado, por não podermos desfazer nossos vultos que se conectam por imersão.

40

DIGRESSÕES

Transitava entre as ruas quando conheci aquele que mostraria todo o hemisfério de nossas próprias razões. Fazíamos parte de uma sinfonia, a qual se fazia ouvir ao longe nos mais diversificados lugares daquela cidade. No pôr do sol, uma modificação trouxe novos ares para todos os habitantes. Rejuvenesciam os hebraicos. Calcificações que formavam os muros daquela cidade, imantando cada pequena parte resistida por guardar um segredo. Ninguém era inocente. Em todos os cantos, havia algo a ser testemunhado. Um pequeno delito, algo que se aproximasse do mundano, do que não se justificava, apenas aceitava e relevava diante dos olhos dos mais cultos. Mas em um dado momento, as sirenes ouviram-se mais altas, e os répteis precisaram rastejar mais rapidamente, para que não fossem levados às mais escuras celas de uma prisão longínqua, na qual nada floresceria. Ah, se eu pudesse voltar atrás. Então refletiria sobre cada gesto articulado, tudo que havia sido pensado antes de executado. Gentilmente, aproximei-me de ti. E ofereci meu auxílio, para que pudesses então caminhar novamente pelas ruas da cidade, sem carregar a culpa pelas felicitações alheias. O regresso. Partículas de um mesmo intuito, intenção. Queríamos sim a redenção.

41

AMPLITUDE

O bisturi tocava a pele dos incautos. O corpo que se estendia não era de mais ninguém, senão daquele próprio que o reivindicava com olhos marejados pela dor da imprevisão. Quem poderia atracar nesse cais?

42

A FRAUDE

Sustentávamos um errôneo e claustrofóbico sentir. Queríamos mais e mais a nós mesmos, esquecendo-nos de nossos clássicos deveres, já estabelecidos desde idos tempos. Francesca caminhava desapercebida. Queria encontrar em cada flor a resposta e a saída para seus labirintos cada vez mais longos e confusos. Não poderia flutuar sobre eles e vê-los do alto, era necessário percorrê-los em cada curva e em cada bifurcação que já trazia desespero e dor. Vestida de palhaço, via-se. O rosto pintado, e já era a outra pessoa quem enxergava? Quem estava presente todo o tempo? Era apenas impressão passageira.

43

O VÉRTICE

Parecia não ter fim a avalanche de sentimentos que inundava o local, embaraçando os presentes que não conseguiam mais se ver espelhados uns nos outros, tamanha era a nuvem que se interpunha entre eles. Chamavam uns pelos outros, mas jamais se viam ou se encontravam. Mesmo que passassem lado a lado, o vapor constante agora não permitiria que tivessem ao menos um ponto de congruência e similitude. Viveriam ignorando a presença uns dos outros, e não tomariam conhecimento da partilha, imaginando serem os únicos que ali estavam. A existência não era mais compartilhada. E por mais esdrúxula que parecesse a situação, a realidade é que os demais, que estavam em volta, apenas observavam. Divertiam-se vendo os transeuntes que se esbarravam e se questionavam de onde viria aquela sensação estranha, já que ninguém mais ali existia... Alguns encontraram algumas portas, e já lhes faltando a respiração, sufocados pela fumaça, deixaram o local. Quando saíram, e viram que tudo do lado de fora era diferente, sentaram-se, e permaneceram por longo tempo às portas do caldeirão. Zelavam pelo local. Faziam algumas orações, entoavam cânticos, às vezes se alegravam; outras, caíam em lágrimas sentidas, buscando algum reconhecimento do que antes fora, mas nada compreendiam. E ali permanecem ainda hoje. E podemos ouvi-los se prestarmos muita atenção. Clamam por nós todos os dias, pedindo para voltar. Lascívia.

44

RELENTO

Do lado de fora, batia na porta. Ninguém atendia. Chamava de novo. Ninguém do outro lado. Meia volta de volta. Voltava de novo. Ninguém atendia. Batia outra vez. Ninguém atendia. Chorava na porta. Ninguém a ouvia. Voltava de novo. Ninguém a ouvia. Gritava seu nome. Ninguém a ouvia. Olhava para os lados, ninguém ela via. Deitava no chão, o tempo passava. As horas se iam. Ninguém a ouvia. Deitava de lado. Ninguém a sentia. Orava baixinho. Ninguém a ouvia. Estava deserto, um outro cenário. Ninguém a ouvia. De um lado um cachorro, já jazia. Não era mais só, alguém a lambia. As feridas da alma essas somente depois em um novo tempo poderiam ser expostas. Não era outro o destino, senão a saga de tempos eternos que clamavam por mim. RESPOSTA.

45

AS HORAS

Havia um relógio que batia sempre o mesmo horário. Nele, nada se via. Havia um quê de melancolia em cada gesto seu. E quando as horas batiam no mesmo ritmo, traziam a lembrança do que não havia sido e nem jamais seria, eram apenas lembranças do que se quis um dia, mas não se alcançou. Sempre que estava próxima a ele e também a ti, guardava um ar de mistério para poder contrabalancear as expectativas. Não eram muitos os dias que ainda estavam por vir. O fim da jornada se aproximava, estava já percebendo isso. E se confrontava, agora, com todas as amarguras que havia acumulado em seu peito cansado de vergastar todos os próximos. Raramente, fazia-se presente, ou se acostumava a pedir perdão. Eram apenas os mesmos gestos cansados que repetia dia após dia na quietude de suas horas, que passavam sem razão. Não gostava de filosofar, e nem queria se aproximar de nós. Era apenas mais um dos que representavam bem a saga dos dias mal vividos, a ostentação das misérias mais profundas que restam putrefatas nos cânones e resplandecentes derrotas. Ah, mas eu estaria perto dela mais um dia, se me permitissem. Olharia seu rosto já desesperançado e lançaria uma pequena faísca de amor. Por menor que fosse, saberia penetrar-lhe os olhos, e acender uma diminuta chama de esperança, que atravessaria séculos e milênios para fazer-se novamente presente aqui, nesta reunião. Somos todos seres carentes, que não refutam um pequeno gesto de gentileza. Agora, revelo minhas mais hostis intenções. Somos saibro e tempestade.

46

VELOCÍMETRO

Quando transeuntes passaram pelo local, jogaram ali mesmo a primeira flor. Não quiseram aguardar os procedimentos de praxe, pois tinham a certeza de que seria aquela a única oportunidade de externar o que sentiam diante do acontecimento vespertino que presenciaram pela primeira vez. Suas bicicletas, uma após a outra, lembravam um cortejo de almas pertencentes a uma realidade juvenil. Gotas de sacrilégio seriam lançadas em direção ao patife que organizara todo aquele movimento inesperado. Ah, não poderiam lhe dizer todas as palavras que gostariam, mas certamente as guardariam, prendendo-as no tempo, eternizando aquele momento que, hodiernamente, saíra do controle de todos os que aguardavam um outro final. Severidade havia sido a marca do homenageado. Todos sabiam que não seria outro o seu destino. Suas intactas ideias sempre lhe dirigiram a este caminho, que pulsava a sua frente convidando-o sempre a dar um passo a mais, sem se esquecer dos mais próximos em grau. As jovens eram sempre as primeiras a tirar-lhe o descanso. Sempre tinham algo mais a dizer, e jamais se contentavam com um simples olhar ou gesto de carinho. Queriam-no inteiramente para si. Sabiam que havia um mistério e rodopiavam em volta desejando lhe roubar os encantos, e reconhecer a sagacidade daquele que viera montado em cavalo reluzente, trotando sempre na mesma direção. A dor que cada uma sentia era proporcional ao encanto lançado. Uma a uma jogavam-se em volta dele, formando uma tríade de paixões resolutas. Quando o dia chegou, já sabiam. Nem aguardaram a notícia. Já lhes havia sido avisado muito antes e também… o que fazer…

47

O TROTE

Foram aproximadamente 10 as vezes em que te chamei antes de adotar uma postura derradeira e definitiva diante deste acontecimento. Não queria me passar por rancorosa ou desprovida de caráter, mas muitos eram os sinais que desembocavam aqui. Apertei o botão, um pouco receoso e vacilante. Não haviam sido esses os meus planos iniciais, mas nada saíra como planejado, e em nada me apegava a esse mundo. Gostava da sensação de poder. Aquele que pode, acontece. Não traz razões sublimes e honrosas, apenas faz, porque assim o pode, mostrando o quão efêmera é a existência, e o quanto pode nos surpreender aqueles que viveram por tantos anos no anonimato. Sou aquele que tu não vês, que não se destaca, não é sentido. Sou aquele que aqui está e é. É. O Ser. Quem não se reconhece, deixa uma lacuna em toda a existência. E esse buraco é preenchido com balas de canhão. Em cada uma delas, EU ESTOU. Lanço-me em direção a ti. Retornarei. Estou certo disso.

48

AONDE VAMOS?

A chave de nossos mistérios eu guardava muito bem escondida. Não pretendia compartilhá-la com aquele que primeiro aparecesse em nossa morada. Tinha a nítida disposição de reservar os encantos aos que viessem se servir de um bom jantar antes de homenageá-los com nossa sofreguidão. Gratidão manifestei pelos que vieram antes. E soube reconhecer as mágoas quando emergiram. Só assim pude construir minha fortaleza, na qual poucos se firmaram, mas apenas alguns resignados seguiram comigo. A estes, sim, dediquei todos os meus dias, na tentativa frustrada de fazê-los ver como eu via, compreender como eu compreendia. Quando tudo fracassou, ainda assim persisti. E nas muretas insinuantes, vi nosso primeiro encontro de almas. Quando cambaleantes vieram até mim, eu soube encaminhá-los da melhor forma que pude. Jamais neguei meu auxílio, que não pudessem me acusar depois, não seria esse o motivo de suas reclamações, mas outras viriam certamente. Não passaria em branco toda o repertório de insensatez que esperava todo aquele que se aventurasse por esses mares. A eles estava reservado todo um arsenal de presentes inóspitos, algo que se amargurava ao ser concebido, ao ser preenchido com as más intenções dos que o fabricavam, e pretendiam entregá-lo ao destinatário certo. Era aquele que mais se destacasse entre os mortais. Condensaríamos todas os nossos intuitos neste torpedo que seria encaminhado na velocidade da luz. Não nos sentiríamos embaraçados em compensá-lo por suas divagações. Não saberiam jamais a fonte de toda a pretensão, esconderíamos o pote. Este, muito bem guardado ficaria. Atravessando uma ponte, equilibrando-nos, e ele estava sobre nossas cabeças. Faríamos o possível para levá-lo adiante, rapidamente ao cruzar a margem, entregando-o ao ser alegre que nos esperava do outro lado, parabenizando-nos por nossa falaciosa vitória. De cabeça baixa mais uma vez, perceberíamos que tudo não havia passado de um truque. Haviam nos aplicado um golpe, enquanto olhávamos para um lado, outra havia sido a direção. E ficamos por tanto tempo nos empenhando em passar adiante o tal pote... Quanta surpresa ao descobrir todo o jogo. Agora nos víamos em meio a um campo extenso. Havia uma série de caminhos a seguir, mas habituados aos nossos condicionamentos, nenhum deles parecia o melhor. Seguíamos então girando, e é aqui que estamos. Aonde iremos?

49

O TATO

Gérmen de trigo. Organiza todas as sementes de nosso tempo. Semeada na calada da noite, orienta nossos próximos passos. Traz raio de luz à escuridão, na penumbra da jornada que seguimos neste momento. Quando tudo se perde, é daí que renascem as esperanças, e há um fio apenas, no qual tentamos desesperadamente encontrar nosso refúgio, o que nos é sagrado. Muitas pessoas fugiram da tempestade. O céu estava muito escuro. E eu vi quando todos foram embora, deixando a casa branca sem qualquer vestígio de vida, se não fossem pelas pequenas formigas que ainda caminhavam pelo local, levando de um lado ao outro as informações da espera do retorno de nosso ser... Quando a casa estaria cheia novamente, celebrando a chegada dos irmãos… Utopia. Nossos melhores sonhos representados em filmes que não entram em cartaz. Não irei sequer recomendar mais uma de minhas guturais ornamentações. São apenas duelos entre os que já foram. O espadachim se jubila pela performance. Não tem consciência do que o espera. Não conhece a força do vazio do existir, após o término das ilusões, quando se tornam cinzas o que antes havia sido explosão. Então seriam as homenagens o suficiente para persistir nesse caminho? Quem fala por mim neste momento? Não sou mais eu quem me manifesto, apenas alguém mais que se torna material em vãos devaneios de imensidão... É nesse momento que quero aproveitar minha maior oportunidade para te mostrar quem sou. Conhecer-me-ás, enfim, quando travarmos a maior batalha já vista antes. Seremos capazes de intitulá-la paixões, apenas para confundir todo aquele que para cá olhar, na expectativa de encontrar aqui o recanto para suas vidas vazias de sentido literário ou de qualquer intensidade palpável. Poderíamos enfim reconciliar nossas vontades, e não seria mais gerado tanto sofrimento e incompreensão. Minha vontade é esta, não posso mais viver sendo ignorado por meus próprios... anseios? Quando se tem a impressão de eu não estar mais aqui, é apenas uma passagem, fugacidade, uma negação de toda a realidade que é muito mais complexa do que aprendemos um dia. Mas ainda assim permaneço, marcante, constante. Não pretendo abdicar de meu espaço nesse enredo. Por mais que fira, sinto-me também ferido. Falsas promessas.

50

COLISÃO

Ensaiamos um primeiro contato, quando, reticentes, redundantes e perniciosos, miramos pela primeira vez para o alto deste precipício. Todos os que para lá eram encaminhados, observávamos passar. Sem muito alarde, comentávamos cada detalhe de seus passos desorganizados rumo ao abismo. Não tínhamos muita paciência para chamá-los e alertá-los para os perigos de suas breves polegadas. Logo nos entediávamos ao assistir a eles passo após passo. Quando então percebemos que era esse também nosso próprio destino, um sentimento de torpor se apossou de nós. E poderíamos ao máximo cantar uma canção, vangloriando-nos e alardeando a todos sobre como era estar tão próximo do fim. Não queríamos que tivessem pena de nós, mas apenas pensávamos ser parte do caminho contar a alguém esse nosso desencanto. Mas não era muito mais que isso que conseguíamos fazer. Estávamos paralisados, uma espécie de veneno havia penetrado profundamente em nossa pele, carne, órgãos, e já não se respirava mais. Contos cartesianos nos acompanhavam. Esses sim eram constantes e perigosamente sedutores, jamais pensavam em desistir de se insinuar como quem não quer nada, mas ao final da história, tudo leva dos iludidos que não se dão conta de onde estão. Sentem-se levitando ao mero sinal de algum conforto passageiro. A esses, não dedico este poema. Não quero mais untá-los com o óleo da visão, não podem ver, e não há o que se faça que possa despertá-los. Há muito, condenados estão, por seguirem suas próprias consciências. Não louvarei tuas retas. Farei o que puder para que levites. Não pela lógica digo essas palavras, mas pelo sentido inverso do que penso, do que mostro. Ortodoxia. Cintilantes devaneios na vastidão de nossos universos brilhantes. Hospitaleiros.

51

MANCEBO

Na cabeceira da cama, um perfume que havia recebido há muito tempo de uma jovem mulher que passou pela vila deixando saudades. Por muitas vezes, imaginou-se banhando-se ao seu lado. Passava noites em claro deflagrando como seria untar sua pele com a cátedra de um bucólico poema. Entoaria em nobres versos o machucado dissabor de suas pretensões. Certa vez, em um desses momentos que não quer passar, nos quais se perdem as origens do tempo e das revelações, alguém se aproximou. Olhando de longe, buscava entender qual seria o ímã que o levava para tão longe, tornando-o inalcançável àqueles que com ele também sonhavam. Sensibilizando-se então, esse alguém percebeu ser possível adentrar aos sonhos deste que agora transpirava suas emoções. E lá chegando, encontrou-se com aquela que um dia havia ali passado. Cumprimentaram-se com certa distância, observando-se e buscando a melhor forma de entrosamento nesta situação inusitada, qual seria, um encontro na mente de alguém. Acostumando-se à ideia, sentaram-se uma ao lado da outra e puseram-se a dialogar. Foi então que ele se viu transtornado, pois agora esse diálogo havia substituído o anterior prazer impessoal de uma abstração genuína que jamais se cansava de existir. Andava em círculos, em seus aposentos, e buscava a todo custo se livrar daquela interrupção em seus passeios noturnos. Esmerava-se em desqualificar todo aquele que transpusesse seus caminhos, empurrando-o para longe de suas hostis peripécias, aquelas que não poderiam mais ser explicadas quando o dia chegasse ao fim. Decidiu se separar do sonho, deixando surpresas aquelas que conversavam ininterruptamente quando o afastamento se concretizou. Então não seria mais possível sonhar?

52

SABATINA

Um casal aproximou-se dizendo: fogo! Muitos jogaram-se ao chão, mas era apenas para despistar do que realmente estava em chamas... um trem que passava muito devagar, e que nenhum passageiro deixava entrar. Lá já estavam todos os que conseguiram embarcar, e não havia mais um único lugar que pudesse ser preenchido por aqueles que desesperadamente tentavam uma vaga para descansar. Heterodôntica passagem essa que te digo. Não serei eu mais um daqueles que buscam te ludibriar, quero apenas compartilhar de meus diagnósticos sobre toda essa situação. Um dia houve aqui um homem que esfregava uma nota na outra fazendo crer que dali sairia uma nova canção, mas já eram falsas as melodias, e nada realmente seria cumprido, jamais uma modificação, essa é a tônica de tudo que quero dizer. Estamos aqui aprisionados e, de vez em quando, é-nos dada a impressão de lutarmos, quando em verdade estamos apenas desenhando nossos próximos talismãs. Um dia, no entanto, esse trem colidiu. E então, realmente havia fogo. As labaredas subiam aos céus, como previsto. Mas já não mais acreditavam, tal qual teria sido a cena até então. As mariposas que se aproximavam desdenhavam do famigerado acidente. Mais parecia uma miragem, alucinação, diriam elas. Hermeticamente fechado estava este veículo, não podendo ser penetrado por qualquer contaminação que viesse de fora. Alguém havia conseguido sabotar nossos planos? Não seria possível. Fantásticas sementes haviam sido plantadas então. Apenas provando que o renascimento seria iminente, mesmo diante dos pés daqueles que agora saíam do trem, intactos, sem sequer um arranhão ou indício do malefício. Quase sem querer esqueci o seu rosto. Sinto muito.

53

GENTILEZA

Um crime brutal. E ninguém estava preenchido com a coragem para retornar à cena. Todos seriam suspeitos se pisassem no local. O melhor seria esquecer toda e qualquer precipitação que pudesse assaltá-los desprevenidos. Não! Seria mesmo o mais correto negar o envolvimento. Tudo não passara de um desentendimento entre os transeuntes, com certeza seria possível explicar dessa forma. Seríamos todos libertos, e a vida seguiria em normalidade. Mas quem deu o primeiro passo rumo ao caminho oposto? Se pudéssemos, chamá-lo-íamos agora no centro de uma grande roda que faríamos especialmente por ele, e o responsabilizaríamos por todos os reprisados de seus atos. Mas tudo havia se tornado caótico, e não sabíamos mais a quem culpar diante dessa odisseia na qual se confundiam os porvires. Mas era certo que alguém investigava e poderia encontrar muito mais do que nós mesmos sabíamos sobre nós. Iria deflorar nossa própria percepção de tudo o que fazíamos, deixando-nos expostos diante de nossos disfarces tão bem produzidos para encenar essa peça. Retaliações! Essa é a resposta. Certamente, nossa melhor decisão. Prosseguiríamos eliminando quem nos cruzasse o caminho, até não sobrar nenhum a nos afrontar em nossa magistral bem-aventurança. Somos muito elevados, não há quem possa nos atingir. Quando uma simples criança fez desabar o chão abaixo de nós, caímos completamente estupefatos diante do que se via. Estávamos embriagados pelo inacreditável que agora se mostrava diante de nós como em um filme, em que somos jogados para fora do controle, e resta apenas observar nossa própria implosão, com pedaços para todos os lados, os quais ainda temos forças para juntar. Gentis intenções. Certamente.

54

AMÉM

No renascimento dos dias risonhos, sentia-se como na primeira vez em que abriu os olhos e viu o primeiro ser humano. Não poderia tocá-lo jamais. Não saberia se compadecer por suas tragédias. Manteria sempre certa distância, designando as diferenças mal compreendidas, que apontavam para um caminho oposto ao vivido. Alguns zelavam por ela. Sabiam que não seria fácil sua partida precipitada para uma jornada etérea, que se balançava em labaredas de adeus, despedidas remanejadas por aqueles que apostavam em uma reformulação. Seriam apenas alguns anos e já estaríamos reunidos novamente, saboreando os ganhos e relativizando as perdas, sempre dispostos a um recomeço, mesmo que os fins não fossem compartilhados por todos. Alguns almejavam apenas fortunas, queriam ser vistos e reconhecidos pelo luxo de seus ideais em redemoinhos de vento. Uma roda negra girava no centro e estávamos todos em volta observando quem seria o próximo a se jogar, e que retornaria nos contando como era do outro lado. Invejávamos o corajoso, sempre desejando seguir seus passos, mas apenas permanecendo na borda, enervados por falsas promessas de revisão. Somos todos como aquele que apenas observa, mas não se obstrui, nem raciocina pelo próprio intelecto. Apenas reage aos morticínios arremessados. E se não somos nós mesmos a revelação, é porque nos é retirado o direito de pensar e restabelecer nossa morada eterna, despida de dogmas incomensuráveis que apenas rodeiam o saber, mas nunca alavancam a obra.

55

JOCASTA

Havia sido ela a primeira a chamar por mim? Quantas teriam sido as vezes que falaríamos em seu nome, ou honraríamos suas vestes antes de despir nossos silêncios preenchidos por fabulosas projeções irracionais? Traria um primeiro gole deste vertiginoso acompanhamento. Faria minha primeira transação. Trocaria minhas belas palavras por um minuto de tua sofismal elegância. Em tuas rendas e opulências faria minha morada celestial. Sabidamente, proporia uma aliança desafiando os mais poderosos do local. Nossa parceria seria uma questão de tempo até ser descoberta por aqueles que não saberiam lidar com as consequências de nossos tradicionais romaneios. Lá fora eu soube te dizer minhas primeiras profecias do querer. Rapidamente, soltei o verbo ao enumerar as razões para que nosso número fosse visto em primeira mão pelos soldados do reino. Estatura mediana tinha aquele que nos desafiava, mas mesmo assim assustava. Éramos incautos e desguarnecidos por nossas próprias vaidades. Releguei as prioridades para um momento posterior àquele no qual me exaltava diante do séquito impingido em seu olhar. Faria eu tudo de novo? Talvez, se fosse para te ver novamente opulenta, certamente o faria, e registraria tudo em meu ser, para que ficassem gravadas as primeiras impressões, e jamais se perdesse nosso encontro, premeditado pelos astros que, alinhados, estavam aguardando nossa pedante e umbilical perseverança. Nuncupativo.

56

A RATOEIRA

Amava a todos sem questionar as razões. Queria consagrá-los ininterruptamente honrando-os com o melhor que havia para oferecer. Não seria capaz de renegá-los, largando-os ao acaso, seria sim ela a guiá-los pelos caminhos tortuosos da cidade vil e tumultuada. Nutriria por eles sempre o maior respeito, convidando-os sempre a ficar um pouco mais, não queria que pensassem ser ela mulher de poucas posses que não poderia brindá-los com mimos e tudo o mais que fosse necessário para agradar os sentidos. Jamais passaria por incapaz de satisfazer seus desejos, sendo sempre ela a primeira a atendê-los um a um no primeiro sinal que se fizesse chamar. Era ela a melhor anfitriã, não abriria mão dessa fama, conquistada com esmero após longos anos de anulação, nos quais esquecera-se completamente de si, dedicando-se exclusivamente a preencher a imagem que idealizara. Queria ser ela a mais capaz de enganar a todos com seus falsos encantos, os quais deixariam embriagados os mais inóspitos doutores, que logo estariam embrenhados em suas teias, vítimas de suas vaidades primeiras, as quais foram a isca para que seus planos se concretizassem. Pobre dama, diziam eles. Nem sabiam o que se apresentaria, e quando um grande buraco se abrisse ao chão, seriam engolidos em meio a risadas vitoriosas, regozijando-se por suas conquistas. Estaria agora alimentando-se da carne dos fracos, que não esperavam um minuto para cair nas garras da perdição.

57

O PEDESTRE

Quem eu chamaria a sentar ao meu lado no momento da despedida? Derramaria sobre ele encantos ou divagações? Respeitaria a hora de sua trajetória ou anteciparia a ele o uivar que se aproximava com a rapidez estonteante de um meteoro? Diria eu palavras poéticas ou traria a sabedoria do silêncio e a colocaria na mesa esfregando-a gentilmente em sua face já ruborizada pela ausência de palavras em momento tão constrangedor? Notoriamente, proporia uma nova forma de comunicação. Ergueria meus braços ao alto aguardando que caíssem as respostas para todos os questionamentos de uma vida inteira, que agora se percebia, não havia cumprido seu propósito. Certamente o abraçaria, disso ainda era capaz, e os sentimentos sempre haviam sido seu ponto forte. Agora tudo se dissolvia, e nem havia tempo de fazer nada do que havia pensado, articulado em sua já cansada humanidade restante. Alguém o chamava, era um pouco além dali. Sentia a areia do deserto que o esperava. Por algum tempo, vagaria. Até que o próximo ser o encontrasse, e novamente se fizesse presente mais uma história. Quando então lançaria memórias por todo o Universo, fazendo-se sentir por aqueles que o pudessem conectar. Caminharia feliz. Não mais preso ao universo cotidiano de suas mazelas ruminadas constantemente pela dor da incompletude habitual. Em suas roupas claras, seguiria até se perder no horizonte, tateando novas formas de existência, mas sempre recordaria daqui.

58

ATMOSFERA

Havia partido há algum tempo para as galáxias mais distantes. Quando se perdera em uma curva qualquer, relembrara de alguns momentos vividos quando este ainda era seu lar. Acintosamente tentava encontrar um modo de desfazer-se das lembranças que mais o atormentavam, ignorando as investidas dos mais próximos que queriam fazer penetrar em sua mente liberta o arrependimento e a culpa. Quando se viu sem ninguém à volta, considerou ser aquele o momento ideal para se desfazer de suas memórias, dispensando-as ao céu, tornando-se mais leve e inclinado a flutuar para sempre em direção a novos mundos, não mais aqui retornando jamais. Daqui, lembrariam dele, mirando ao alto uma bola de luz, e ele talvez emanasse ainda alguma vibração, certificando-se de sua ainda perene existência. Mas não voltaria mais para a dualidade de dramas marcados pelo tempo, que traziam início e fim ao que em verdade é circular, iludindo os sentidos, e gerando aprisionamentos e sofrimentos solitários que enganavam a todos os que aqui permaneciam. Quando sentiu a liberdade pela primeira vez... pisou em solo firme e fez sua nova morada. Efígie.

59

O GESTO

Especialmente para te encontrar vim até aqui hoje. Tinha há muito tempo o propósito de te dizer algumas palavras que ficariam para sempre marcadas em teu ser. Não seriam meras introspecções, mas sim legítimos conselhos, os quais eram indispensáveis ao prosseguir. Encontrava-se ela saboreando as primeiras experiências genuinamente suas quando alguém se precipitou em sua direção. Trazia em seu âmago algo que precisava despejar, todo o acumulado de vivências doloridas que obnubilavam sua visão, já prejudicada por suas constantes derrapadas, que o faziam sair do caminho traçado. Quando se encontraram, ela se aproximou dele ignorando também toda orientação prévia que indicava o caminho oposto ao seguido. Disse a ele que seriam descartáveis as tentativas de transcender este estado penalizado de jejum de inteligência que afligia sua alma, e que não seria ela a orientá-lo de modo a encontrar a luz. Teria que seguir sozinho. Ressentia-se por todos os trajetos percorridos, por toda a degradante queda, o que envergonhava e fazia baixar a cabeça, caminhando sempre com um capuz, escondendo o rosto no qual se viam as marcas de todo o pecado e pestilência. Mesmo determinada a dizer Adeus, ainda assim tocou em seu rosto, abençoando-o, para tornar um pouco menor o seu longo caminho de depuração e expiação de todos os males que estavam representados em seu ser fétido, que chocava a todos os que se aproximavam dele. Condenado ao isolamento, a todo o tipo de solidão e angústia, carregando todas as chagas em seu já cansado corpo febril, que agonizava em fétidas bolhas que exalavam o mais indigno dos odores, profetizados estavam que carregariam todos os males, e o pus que saía incessantemente de sua pele avermelhada pelas unguentos que buscavam apenas aliviar o que não era possível calar, e silenciar. Seguiria em sua jornada, ciente de estar cumprindo seu desígnio, e por onde andasse, deixaria uma flor, para lembrar a todos que ali estivera.

60

A SENTINELA

Perfunctório. Era o que traria mais sentido ao que viria a seguir. Iniciava-se um período das mais vis organizações sociais que se esforçavam em manter as estruturas vigentes com pequenas transformações desabonadoras e que visavam desviar a atenção do propósito primário de todo aquele ali estabelecido. Jamais seriam eles capazes de proporcionar uma verdadeira troca de direção, apenas mudariam as aparências, aquilo no qual tinham a maior mestria, o ilusionismo, depreciando o Ser, com seus estroboscópios de passagens parciais e já destinadas ao fracasso. Rapidamente fariam seus esconderijos atrás daqueles que já estavam expostos ao escrutínio social. Jamais se lamentando por sequer uma das mortes que carregavam nas costas, mas apenas enganando-se uma vez mais, até o fim de seus dias, já fadados à autofagia e aos trompetes ensurdecedores que chamariam seus nomes em voz alta, convocando-os ao juízo final. Uma sentinela traria alguma paz de espírito aos que cometeram todos os equívocos passíveis de serem vividos por uma pessoa. Encontrariam o perdão?

61

HEMISFÉRIO

Heródoto aguardava em seu trono no qual repousava sem qualquer princípio de preocupação ou pudor por quem houvesse de se aproximar. Não havia qualquer receio, era soberano em suas decisões, e jamais voltaria atrás em quaisquer delas, com a certeza da escolha certa. Era Senhor de seus anseios, e não temia o que havia em volta. Não parara um segundo sequer para olhar pela janela, e perceber o que se armava. Não veria a rebelião por estar tão ensimesmado, admirando-se sem qualquer reflexão. Permanecia sozinho, pois não via os que estavam em volta. Apenas sombras percebia, mas o que diziam, pensavam, sentiam, pouco lhe interessava, não havia qualquer indício de comunicação. Quando tudo desabou, sentindo o chão tremer, foi tomado por leve devaneio e um pequeno susto se instalou em seu ser. Algo diferente acontecia. Mas certamente seus criados levantariam pedra por pedra até colocá-lo novamente sentado em sua cadeira reluzente. Ignorava os avisos que vinham do alto. Quando a lâmina atingiu o seu peito, partiu sem nenhuma metamorfose, nem viu o que aconteceu, então permanece ali até hoje.

62

JUSTINIANO

Na travessia de seu redundante percurso, procurou se guarnecer com as melhores justificativas para seu comportamento arredio, que jamais amparara a ninguém, mas apenas causara divisão e dor. Lamentava-se pelas derrotas, mas era detentor de uma força que o impulsionava sempre em direção à próxima batalha, na qual desta vez sairia vencedor. Era o que pensava constantemente. Jamais desistiu. Sabia ele que seu caminho era tortuoso, mas o único a seguir. Não haveria outro que lhe seria entregue embalado com anjos selando esta travessia com amor e dedicação. Não! Seriam outros os que viriam brindar com ele. Os inimigos, estes se aproximariam aos montes, colando-se a ele e convocando-o a escrever sua história. À noite, quando estava sozinho, recebia as orientações vindas de cima, e sabia que aquele tempo passaria, e que seria lembrado por sua persistência, e não pela desídia e desolação. Era o que lhe dava forças para seguir. Punha-se de pé, vestia-se com a melhor armadura, e cursava seu caminho, eliminando quem com ele cruzasse. Por muito tempo isso se repetiu, e ele sozinho permaneceu, mesmo com tantos por perto. Até que um dia se pôs a dormir e nunca mais acordou. Estava cumprido seu destino.

63

INFÂNCIA

Uma vez lhe disseram que não haveria mundo senão aquele. E que estava predeterminado que nada se modificaria. O tempo passaria, uma ventania levaria tudo ao redor, mas tudo giraria em torno de si, e ela mesma, dali não sairia jamais. Permaneceria estática diante de todos os acontecimentos, apenas observando, mas jamais se movimentando em qualquer direção. De repente, um redemoinho a levou para um outro lugar. Viajando pelo tempo, e vendo tudo sob uma outra perspectiva, alegrou-se, percebendo que havia mais. Girava intermitentemente, sendo arremessada de um lado ao outro, e de repente se sentiu perdida novamente. Nada mais conhecia, e não havia gravidade que a puxasse para lado nenhum, estava flutuando, no espaço e no tempo, e não passava sequer um objeto no qual pudesse se segurar. Esticava seus braços, mas não alcançava nenhuma solidez, tudo era fluídico, e desfazia-se diante de seus olhos, que nem mais certeza tinham do que viam. Uma parede de vidro fez-se presente. Então podia ver do outro lado, no qual estava refletindo a si mesma. Via-se sentada em meio a alguns brinquedos, quando alguém se aproximava mal-intencionado. Queriam-lhe roubar a pureza?

64

CONSOLAÇÃO

Faria ela tudo de novo se fosse requisitada? Traria os mesmos véus, estendendo-os na grama verde, deitando sobre eles, espreguiçando-se, e convidando a todos a um passeio matinal? Certamente. Estimulava-se ao pensar que seria a responsável pela união daquelas duas tribos, sorria alegremente ao perceber o quanto ouviam seu chamado. Tudo havia planejado com muita antecedência. Merecia todo o patrocínio daquelas religiões pagãs, educando os sentidos para tateá-los com suas mãos ágeis que haviam sido trabalhadas pelo resto das mulheres, que lhe haviam ensinado todo o labor. Cinco dias antecederam o grande estrondo. Tudo estava sendo organizado, e as mulheres da tribo estavam reunidas se preparando para o grande evento. Banhavam-se ao rio, riam-se de suas façanhas amorosas, queriam sempre ocupar o melhor destaque, mostrando-se mais realizadas. O parto de cada uma delas havia sido feito por ela. A anciã, que a todos aconselhava, e procurava ocupar lugar de destaque, centralizando o poder e a previsão de regras e estatutos. Quando uma delas, que mal se manifestava, rebelou-se contra todo o organizado de gerações, o pavor apossou-se daquela comunidade, que não sabia como proceder em relação à meliante, que agora deveria ser julgada e condenada por não seguir o curso estabelecido pelas demais. Ela guardava um certo mistério, comentavam. Possivelmente algum mal olhado intrigava, com certeza não era uma de nós. Talvez tivesse sido trazida por engano de uma vila distante, aportando aqui por equívoco do destino, o qual havia pregado uma peça em todos os cidadãos direitos que ali viviam. Se fosse assim, fácil solução, bastaria devolvê-la para onde era seu pertencimento. Ela não falava, haviam lhe perguntado se ela tinha conhecimento de sua procedência. Mas ela se limitava a balbuciar palavras desconexas, incompreensíveis. O povo daquela cidade não era cruel. Não seriam capazes de condená-la às piores penas, queriam sim compreendê-la. Formaram uma grande roda ao seu redor. Homens e mulheres reunidos. Oraram, levando a termo rituais, alguns até mesmo proibidos pelos ancestrais, mas que diante de tamanha surpresa, eram uma tentativa última de salvar aquela que havia sido possuída pelo que não conheciam e não poderiam espantar. Ministraram-lhe alguns remédios, poções mágicas, alguns se tornaram amigos, e até mesmo esqueceram o que havia a colocado naquela posição de ser estudada pelos demais, que buscavam alguma explicação. Um dia, apareceu grávida, gestava um novo ser, isso seria inconcebível, via-se uma luz ao seu redor, algo que hipnotizava, encantava. Amor.

65

CUSTÓDIA ELEGANTE

Disfarçadamente, eu seria capaz de lhe enjeitar os motivos, e convencer-lhe de que não era propício içar vela agora. Plantaria uma pequena dúvida em seus já frágeis prospectos, e levaria você de mãos dadas ao abismo do estereótipo da maldade e da penetração de tudo o que pode ser inserido com deselegância e artificialidade. Expectorava e contaminava aos que ali estavam, compartilhando o lenço virulento para que todos passassem a ver com meus olhos, isso eu faria, sem pestanejar. Queria vê-los todos caídos, quando então desfilaria entre eles, vangloriando-me por mais uma purificação. Estavam todos perdidos. Não haveria nenhum motivo para lhes dar mais uma chance, repetiriam todos os atos inglórios os quais estavam habituados a perpetrar desde sempre. Mas isso eu não permitiria. Conheceriam minha fúria e seriam levados sem perceber, sem ter a chance de apresentar falsas justificativas, o que certamente fariam, se lhes fosse dada a palavra, esta que sempre usavam em benefício próprio, jamais proferindo um grito de autenticidade, mas apenas o que era mais vil, sujo, deplorável. Isso sim manifestavam dia após dia, na crença de que nunca nada lhes aconteceria. Mas agora tudo havia se modificado. Já não estavam mais ali.

66

A TESE

Viajava em um local distante procurando formas de dizer a verdade sem ferir aos mais traiçoeiros e pungidos por um quê de ousadia na arte de desfazer o óbvio, conjecturando estruturas já defasadas por um medo de se transpor ao credo.

67

A MINA

Embaixo do armário havia escondido uma arma de fabricação caseira, receoso de que os inimigos se aproximassem novamente, desejosos de vingança por seus erros passados, dos quais se lamentava dia após dia, arrependendo-se de todos os malefícios que havia causado sem perceber ao certo que a ninguém mais atingia, que não fosse a si mesmo, agora ciente de suas limitações temporais e relativas ao amor próprio e às leviandades para consigo e com os outros, que esperavam de si um pouco mais de atenção na esfera do existir, sempre salvando as raias da perseverança naquilo que poderia deixar de afligir, a partir dos esforços traçados com uma corda esticada de um lado ao outro do muro, erguido com o intuito de despistar os ecos do além, que viviam gritando, chamando por seus emissores, aqueles que haviam lançado a pedra, desviando-se do caminho, sempre tristonhos por suas escolhas mal sucedidas, e o apátrida que sentia a dor lancinante por não mais pertencer ao ambiente máster. O trono estava vago, e seria apenas uma questão de horas até que chegassem as primeiras notícias de abandono. Levantaria o rosto, caminhando nos paralelepípedos estreitos, buscando equilíbrio nas ruas onde não havia mais ninguém. Apenas o silêncio o acompanhava. Sempre o lembrando da próxima cena, a que viria a seguir era sempre a mais importante, disso ele devia se lembrar. Apenas minhas suaves impressões foram marcadas neste lugar. Despeço-me com a esperança do merecimento tardio de minhas gomas de anunciação.

68

O SACRIFÍCIO

Orgulhava-se de ter sido o primeiro a desvendar os mistérios da ilustre desconhecida que havia chegado à cidade alguns dias antes anunciando o começo de um novo tempo. Ia um pouco além quando se ocupava em ludibriar o povo senil com suas anedotas sinceras, mas reconhecidamente ultrapassadas. A meio mastro, enganava uma dúzia de lanceiros que queriam alcançar seu *status*, tornando-se membros da sociedade secreta de que fazia parte. Restava alguns meses até o raciocínio estar completo, mas a cena era a mesma: estávamos todos destinados ao mesmo canal.

69

VALENTIA

Tratava-se apenas de um pequeno pacto que havíamos levado a termo antes da revelação final. Visávamos esconder dos mais propensos aos ataques nossas verdadeiras propensões, buscando adiantar as estratégias, e apenas assim saindo vitoriosos sobre nossos rivais do passado. A esses destinávamos nossos esconderijos e disfarces, almejando sempre uma reconciliação tardia, que não traria maiores benefícios senão a nós, os únicos que nos importavam. Não pretendíamos de forma alguma fazer o bem, apenas ousávamos olhar um pouco adiante, enquanto nossos transgressores queriam justamente o oposto, fazendo-se vítimas de circunstâncias alheias às nossas vontades iniciais. Bailavam sobre pedras quentes, pulando e imaginando serem eternos em suas escapadas lisonjeiras, porém sentimentais o bastante para fazê-los perecer em seus intuitos racionais. O primeiro a arriscar-se para fora do círculo foi observado pelos outros, que desceram ao chão para vê-lo em sua intrépida tentativa de se sobrepor ao grupo formado com tanta magnificência e dedicação. A confiança estava quebrada e não seria mais aquele parte de uma irmandade que se firmava com troféus fabricados falsamente, e que apenas trocavam de mãos quando queriam aqueles maiores, os responsáveis por todos os equívocos cometidos, mas jamais admitidos. Quando nossa visão se deturpou procurei a melhor forma de te resgatar, fazendo compreender toda a vexatória a que estaria exposta se não fossem pelos conselhos dados. Germinava um novo ser, e esse seria capaz de perceber a origem de toda a existência, rasgando em pedaços toda a errônea percepção do viver. Saberia compor uma nova armação? Gostava de olhar para os lados, sem ver a si mesma. Sabiamente te reconduzi. Aqui estás. Amor.

70

A RODA

O vasto campo de prevaricações espontâneas golpeava o instante seguinte com receios de mesmice e radicações extremistas estremecendo as bases dos planos traçados. Lançaram-se ao desconhecido, obtendo o melhor ângulo para desfazerem-se de suas visões preconcebidas por helênicas descobertas, que estancavam o sangue dos aflitos, já desfalecendo em sua força de resistência. Rastejando em harmonia, agonizavam clamando por um segundo de atenção dos peregrinos, anuviados por suas sombrias desventuras, que ocupavam todo o precário espaço de suas ilusões. Queriam sempre mais, esforçando-se em chutar para longe toda sombra de radioatividade que afetasse suas ondas cerebrais, perquiridas por toda a ornamentação que circundava suas vidas infames, sempre rodopiando as próprias esperanças doentias de um porvir. Rapidamente encontrei-me com eles, impedindo-os de sedimentar o massacre. Protegeria a todos que guardassem um último suspiro, um sopro de vida que seria guardado por mim com tudo que pudesse a eles destinar. Seria dedicada a minha existência a colocá-los de pé, percebendo-se novamente vivos e reorganizando suas tradições do sentir. A vida dançava novamente e sabiamente estariam todos diante de si mesmos, não mais sujeitos à escuridão. Guardava-me todo o dia para esse momento.

71

TACITURNO

Hoje procurei você em recônditos não ainda invadidos pelas recentes descobertas. Busquei um bom perfume para poder me equiparar às propensões que indicava em seu leito, rastejando um bom elenco de emoções guardadas para mais tarde, quando estaríamos sozinhos em nossas expectativas vazias de um sentido primordial. Sabia eu que nenhuma investida seria eficiente para fazer valer os anos de incentivos mal concebidos, que apenas atrasaram a partida de um ser que se lamentava por seus próprios impropérios, não mais desejando fazer parte desta história. A chave para toda a saída da escuridão escondi embaixo de um baú antigo, chamando a atenção para o que era externo, mas preservando abscôndita a essência do prosseguir. Caminhávamos juntos na primavera de nossos estonteantes parques quando um flamingo se aproximou. Trazia uma mensagem anunciando a transformação. Os tempos que viriam seriam outros, e mal tivemos tempo para qualquer planejamento quando uma nuvem escura se precipitou sobre nós, separando-nos e não mais nos encontramos. Agora tudo era tormento. O Sol nunca mais havia brilhado. Permanecia na casa escura aguardando notícias suas, quando um mau agouro percorreu todo meu corpo, e tive então a certeza de que trariam novidades, mas não seriam aquelas tão aguardadas. Quando o mensageiro chegou, escondi-me. Queria prorrogar um pouco mais a esperança, e se preciso fosse, viver com ela para todo o sempre, seria muito melhor. Escapei-me pela janela e corri o mais que pude. Até hoje me pergunto se ainda estou correndo, pois já não poderia dizer com certeza, ainda sinto o vento no rosto, mas tudo está tão diferente. Ainda estaríamos naquele dia fatídico, e todo o mais seria apenas um sonho, um pesadelo, que aos poucos desapagava-se de meu ser, deixando-me livre para viver mais uma vez a glória de meus dias felizes. Certamente seria isso, e não precisava mais eu me preocupar, apenas aguardaria calmamente até que meus olhos se abrissem naturalmente e você eu veria, dizendo meu nome e anunciando a chegada de mais uma vitória e recompensa. Compensação por todos os males causados.

72

ANTECIPAÇÃO

O orvalho era o último sinal de sua passagem por aqui. Eu sabia que havia ali estado quando encontrei esse respaldo. Sua presença marcante era o palco que eu esperava para fazer nascer minha derradeira apresentação perante esta plateia que aguardava nossa aparição. Trinta mil vezes antecipei este momento. Uma certeza eu tinha: você viria. Nostalgia. O plebiscito ainda fazia parte de nossa história. Não sabíamos por onde caminhar, até que se fizessem reis nossos maiores inimigos. Um rinoceronte eu avistava. Recomendava-me atenção. Uma grande transformação se aproximava, e precisávamos estar atentos para escapar da enxurrada que viria em nossa direção. Abri ao máximo meus olhos, e juntei-me a um grupo maior que discutia arduamente as decisões. Senti-me invisível. Não era aquele o meu lugar, mas tudo havia sido carregado e arrancado à força sem que tivéssemos a chance de viver o que nos era antes destinado. Agora precisávamos sobreviver, e faríamos o que fosse preciso para seguir vivendo, ainda que isso significasse se imiscuir em vãos propósitos, na jornada das multidões. Mas ainda recordaria do primeiro dia, de quando eram apenas ilações.

73

ESMERALDA

Penitências. Essas foram sentidas até o último instante. Não havia nada a levar, apenas ficavam, permaneciam as mais vãs experiências daquele que teria sido nosso melhor encontro na retidão de nossos intentos. Atônita fiquei quando reconheci seu último personagem. Guardava resquícios de um super-herói, aquele que traria toda a salvação para os pobres mundos dos que o circundavam. Mas eram apenas regressões sem sentido as que eram sentidas pelos que ocupavam o ambiente. Não acrescentavam em nada os comentários daqueles que antecipavam a fidelidade de nossos amigos. Felizardos os que partiam. Acenavam, e sua partida era sentida por todos como um recomeço aos que ficavam, que poderiam então se refazer de todos os enredos vivenciados com aqueles que iam. Aquelas memórias seriam apagadas pelo tempo implacável que tornava pó tudo o que ficava para trás. Estacionei o carro em uma rua deserta. Desembarquei quando já não havia mais nem mesmo uma presença remota. E quando me vi completamente sozinho, senti então o que significava a verdadeira liberdade, longe dos olhares trigueiros que aprisionavam qualquer manifestação de autenticidade. Assim, poderia eu realmente ser. Mas quando menos se espera alguém cruza a esquina, e já não estamos mais sozinhos, alguém nos observa, e a partir dali, nunca mais poderemos ser os mesmos, houve uma interação. Estamos tocados. E até mesmo nos sentimos atraídos, o que nos faz correr em direção a esse que surge, e o olhamos por todos os ângulos, procurando algo que nos afete. Quando encontramos, logo nos excitamos e nos apressamos em comemorar. Mas logo descobrimos que não era esse também o caminho, e nos vemos novamente naquela mesma rua, na qual um dia estivemos perdidos. Mas dessa vez, somos outros e o que transparece é a amizade de todos os que por aqui passaram. Precisamos estar mais presentes. Torquato.

74

XENOFOBIA

Escapava-me entre os dedos aquele momento fugidio. Deslizava no ventre os receios de outrora. Não evitaria o que quer que fosse em seu nome. Jamais seria aquela que lhe entregaria as medalhas. Uma vez foi o suficiente para perceber que não seria eu sua escolhida, a eleita para a completude do teu anseio. Um breve suspiro exalava tudo o que não poderia ser dito, para não ferir nossos planos que haviam sido, com muita antecedência, pensados. E nada viera como o que existia em nossas mentes. As projeções foram torpes. Ululantes prospecções. O galanteio de uma vida cercada de luxúria e glamour. Especialmente nesta noite, desassossego-me ao deixar os atabaques e cavalgar em enclausurados romantismos enfadonhos, que não sustentam a leveza do pretenso êxtase de adoração. Ele me olhava, dizendo-me que ainda não havia chegado ao fim o nosso flerte. Não era o término de nossas paixões, trazíamos apenas algum rancor e o azedume de algo que já se putrefazia entre os insetos que chegavam após a saída de todos os demais. Respeitavam a presença de qualquer indício de reinício. Mas não era esse o caso, apenas se iludiam os correspondentes com o fim de facilitar a queda livre na decepção dos entreveros mais funestos que haviam ali firmado seu chão. Quando uma diminuta charrete se aproximou, dela surgiu a mais bela de toda a cidade. Aquela que encantaria a todos com seus quase convites para a perdição. Eram apenas faíscas de um revide que não demoraria tempo para ser percebido por todos os comparsas de sua farsa. Eram eles que alimentavam toda a hipocrisia daquelas rodas de jogatina que tinham hora para finalizar. Com fenomenal agilidade, rompeu-se a inocência e fomos todos inconsequentes e a própria consequência de todo o circo armado para apagar nossos amanhãs.

75

O PALANQUE

Espessas figuras estimaram o final da apresentação, que havia sido cercada de mistérios oriundos de nossas profanas visões do saber. Quando o ministério fez-se ouvir mais forte, alguns atormentaram a ordem natural dos acontecimentos, desejando antecipar os fatos para que pudessem pegar carona com os recém-chegados estrelatos. Mas foram inexitosas tentativas, e tudo voltou ao marco zero. Alguns pequenos animais aproximaram-se, ordinariamente chamados felinos, mas que, por algum tempo, camuflaram-se na esperança de interporem-se por entre as razões do esquecido. Na cálida estratosfera dos sentidos, fez-se presente mais uma vez a interrogação a respeito de nossos primordiais alavanques. Cativaram-nos os motivos e na pressa em tudo realizar e o que ficou para trás foi muito além de uma mera aliança, mas todos os excessos de uma atmosfera branca, que se elucidava nos meios mais vis. Ana fazia parte desse local, e era a ela quem buscávamos homenagear.

76

ALICE

Ela havia chegado neste local, e não poderia esperar para pôr em prática todos os intentos ocultos. Pretendia, na primeira oportunidade que lhe coubesse, despejar em todos os que agora lhe assistiam, o acumulado de séculos que se encontravam em sua alma secreta. Um compêndio de ilusões, tudo o que fora absorvido pelo medo de seguir além. Era essa a mais recente oportunidade de esvaziar o balde. E quando assim fizesse, estaria liberta de suas introspecções que caminhavam lado a lado com o deserto de suas paixões. Encabulada, deu o primeiro passo. E quando então se viu afundando em areia movediça, surpreendeu-se perante os inconcebíveis equívocos dos que ali estavam, e compartilhavam a mesma existência da força motriz que tudo rege em seus sonhos esquisitos e pálidos. Não traria mais a bagagem, isso era certo, para nada servia naquele novo repertório de cenas. Mas ainda assim seguiria. Emancipando-se das moléstias do ser. Guardaria para você um presente e o entregaria ao final da caminhada. Relembrando do primeiro elixir, que ainda nos banhava com seu límpido existir.

77

VILIPÊNDIO

O trato celebrado entre os presentes anunciava a chegada de um estrangeiro que se reuniria mais tarde aos já dispostos ao intento final. Esse que viria depois, traria algumas respostas aos incômodos e lastimáveis egocentrismos que ocupavam a sala de reuniões. Geralmente, éramos forçados a aceitar a primeira proposta que se apresentasse, mas o que se aguardava agora era um eu real e autêntico reinício de temporada, na qual juntamente ao poder constituído, seria a massa capaz de opor seus argumentos antes que fossem refutados com recalcitrância organoplástica. Sairíamos dali com a impressão do dever cumprido? Ou experimentaríamos mais uma vez a velha fórmula extasiante e evasiva já conhecida por nossos pretéritos e honrados equivalentes?

78

MONASTÉRIO

Precipitei-me ao revelar meus segredos aos que havia confiado minha breve existência. Parcialmente contente por me ver livre de toda a opressão que cabia a mim aguentar, quase me esquivei quando o Pastor se aproximou propagando impropérios aos quais não teria eu o fito de revidar. Fazia-me de tonta, se necessário. Mas jamais compartilharia dessa prestação que me seria imposta se não soubesse driblar os adversários tal qual faria em meu melhor campeonato. Gente miúda, com certeza. Faria o possível para se desvencilhar de todas as consequências, culpando a outros, os que não estavam ali para manifestar sequer um assobio que gerasse dúvidas nos responsáveis pelo julgamento. Cativantes sinais enviei ao meu comparsa preferido. Com ele eu poderia contar, mesmo quando todos os demais houvessem partido. Ainda assim, estaria ele fiel aos meus propósitos de emancipação. O justiceiro.

79

O SAIBRO

Encontraram-se na porta. Não deixou que passasse, segurando-a pelo braço. Disse algumas palavras inaudíveis aos mais próximos, após as quais ruborizou-se, demonstrando certo desagrado com suas revelações. Mas algo lhe chamara a atenção. Optara por ouvir um pouco mais suas insinuações, não queria deixá-lo partir, pois seria certamente capturada por pensamentos noturnos que o trariam de volta de qualquer jeito. Seria mais sábio, portanto, ouvi-lo desde já, deixando de lutar com o princípio de pudor e fausto quiasma que começava a nascer em seu ser. Em um momento de distração, viu-se novamente em meio aos mais assustadores fantasmas, que gritavam seu nome, acusando-a de blasfêmia e por não ser mais pura, por ter ouvido tais palavras, não fechando seus ouvidos ao que vinha de fora. Precipitava-se ao se julgar apta a afastar todos eles, sem a ajuda dos mais dispostos à travessia, já conhecida por todos. Já estavam acostumados a salvar jovens donzelas, as quais haviam se esquecido de seus mandamentos primeiros, de sua resignação e juramento eterno de submissão ao governo estabelecido. O que as consumia era a dúvida diante de seus desejos, instintos e sua tendência ao anonimato, dissabor e resignação. Quando se viam envolvidas nos maiores perigos, que acreditavam ser o maior dos pecados já cometidos, rezavam continuamente, buscando o perdão e a redenção. Nesse momento, ele buscava alertá-las de que não seriam mais elas prisioneiras de seus castelos inventados, nos quais tudo era colorido e perfeitamente colocado para que nada fosse imperfeito, e não houvesse nenhum indício da vida real. Quando elas corriam nuas, despidas de qualquer remoto gesto que lembrasse o passado, sentia-se inteiro, ciente de ter cumprido sua missão. Era tempo de libertação.

80

A GELEIRA

Na recalcitrância entre dois mundos, éramos dois exemplares quase extintos na persistência do sentir. Navegávamos em mares tardios, buscando sempre algo mais, na esperança de encontrar novamente tudo aquilo que havia sido perdido quando demos o primeiro passo. Um talismã encontrei aqui, e o enterrei muito fundo, de modo que ninguém o pudesse encontrar. Corri o mais que pude, para que não soubessem que havia sido eu a responsável pela queda, dei uma volta inteira ao mundo, nas areias dos desertos, e já estava muito longe quando alguém se aproximou. Sentou-se logo acima do tesouro, mirando o mar, sem saber o que existia, apenas presenciando a existência sublime de nossos contemporâneos que trouxeram os primeiros potes de veneno para a cidade, distribuindo-os aos maiores amigos, e alçando voo logo em seguida, despedindo-se dos desprevenidos com risadas opacas. Quando uma bandeira foi fincada e um breve frêmito foi sentido em todos os que estavam a menos de mil metros do local, consagrou-se a certeza de que o inesperado atingiria todos os moradores. Faziam festas, alguns. Fixavam planejamentos enquanto o chão afundava, e o tesouro que eu havia escondido estava prestes a ser encontrado. Uma pequena criança teve a iniciativa de buscá-lo. Suas mãos miúdas encontraram o círculo dourado, e foram queimadas pelo fogo exalado, uma forte explosão foi sentida, e os quatro elementos fariam novamente a cena de suas paixões, trazendo mais ódio e rancor ao povo já sofrido que lutava incessantemente por uma trégua das desolações cotidianas que lhe vociferavam taciturnas. Organizei seu pôr do sol.

81

O PLANETA

O hemisfério direito do cérebro guardou uma informação que antes ainda não havia sido resgatada. Trocamos de tradições no momento em que nossos pais estabeleceram contato. O sentido da parcimônia foi descoberto no momento da virada em que os vândalos participaram do motim. Acostumamo-nos a pensar em termos de silogismos e nos esquecemos de olhar para nosso lado direito onde tudo era brilhante. A clarividência trouxe algumas respostas, mas não foram suficientes para elucidar o momento. Enraizamos o mistério diante de nossos olhos e arriscamos gritar mais alto até que calçaram nossos pés com cal. Dançamos por entre os mortos rodopiando na dança da vida, até que nossos miolos estouraram com o ranger das armas. Os troféus foram entregues a nossos maiores inimigos. O trato que havia sido feito foi descumprido quando vimos brotar no peito de nossos filhos o desejo de vingança. Então não havia mais tempo! Bloqueamos as estradas dos castelos. Perdemo-nos na areia movediça. As balas atravessaram nossos corpos até que dissemos, chega! O pacto foi desfeito. As tropas recuaram. O tapete foi estendido para que passassem tranquilamente. O vértice da questão foi esclarecido e trôpegos seguimos em frente. Nossos amigos nos alertaram dos sinais. Avistamos a miragem até que trafegamos pelo deserto. A desilusão foi percebida. Os trapezistas tomaram conta do palco e anunciaram a chegada dos próximos artistas. O início do fim aproxima-se. A visão pode alterar os destinos. Mas a trajetória é irreversível. Preparados estarão os que entenderem a farsa.

82

O ROSTO

Contava de um a três, antes de se eternizar em fotografias com seu semblante preocupado pela sequência de acontecimentos funestos que haviam se sucedido, desde que se olhara pela primeira vez no espelho. Sabia ser responsável por grande parte deles, pois não havia se escondido, conforme a orientação dos anciões que haviam alertado para as possíveis consequências de um aparecimento precoce e irresoluto, sem que fosse medido cuidadosamente cada dorso da espinha dorsal dos envolvidos na farsa. Havia aprendido a disfarçar emoções. Então, parecia simples responder às expectativas dos que se aproximavam, sempre desejando nada mais do que a si mesmos. Não queriam nada, senão a confirmação de seus próprios reconhecimentos e nada de novo os alcançava, sempre certeiros em seus posicionamentos revelados com o sacrifício de muitas gerações despejadas no medo do remanescente, que sempre se insinuava com redundantes senegaleses que enfeitavam o local. O luar era sempre o mesmo. E eu já sabia onde procurar.

83

O JAGUNÇO

Bastava um único gesto para que fizesse seu toda a sorte de malvadezas descuidadas do senhorio. Uma jamanta não seria reconhecida, sem que antes fosse feito o trajeto oposto ao carma estabelecido. Venceria as visões de tantos conterrâneos e não poderia se despir sem temer pelo revide dos que agora não eram mais seus. Balizava os blefes a partir de sua visão chamuscada que mal dava para cobrir os vícios de sua já exaurida rotina de noviças e belzebus. Uma nova história pretendia imprimir ao povo local. Por que não se anteceder aos fatos e tomar para si todo o apátrida que buscasse alento...? Serenidade não seria o seu forte, apenas trocaria de mãos o poder, e por uma nuvem de dúvidas, os demais seriam tomados pela certeza de que era aquele agora o sinal. Queria poder te dizer algo diferente, mas as minhas mãos foram tomadas de sangue, e não tive a chance de dizer não. Segui meu destino como quem o observa de longe. Era este meu personagem e nem havia tido possibilidade de viver de outra forma, naqueles fatos que se entrosavam em mim, tornando-se um só como meus atos, que eram agora carne minha, aquilo que não se divide, nem desampara. Somos todos apenas o que é feito de nós.

84

O DISCURSO

Sentia a pele macia unindo-se a sua em um conto especialmente designado a embelezar a realeza ligeiramente inclinada a esquecer todos os equívocos em benefício de fugazes e elementares encontros. Quando ele deixou o aposento, estava ciente de que sua escolha era definitiva e não haveria a mínima possibilidade de voltar atrás. Estava já embaraçado em teias fabricadas em tempos muito longínquos, nos quais sua participação era nula, mas agora colhia todos os frutos arremessados a si, como se fossem seus os primeiros passos. Uma lágrima corria discreta em seu rosto, persistente em seu investimento em propiciar um traço de sensibilidade e beleza a todo o mal-entendido causado pela sucessão de erros cometidos por seus antepassados, que agora riam por terem passado adiante toda a chaga e maldição. Estariam agora livres, quando se concretizava toda a peregrinação naquele que havia sido escolhido como porta-voz de toda inexatidão de caráter que era marca comum a todos que haviam estado ali antes. Não se apiedavam dele, jamais. Seria forte o suficiente para carregar a todos eles, e não teria o direito de renegar seu destino. Fugiria aos mais remotos lugares, mas sempre com ele estariam, sussurrando-lhe aos ouvidos todas as sugestões, os comandos, nos quais veria ele todos os erros, mas se sentiria compelido a seguir os passos. Não gostava mais de viver. Eram essas as palavras finais.

85

O PARTO

Queria me interpor entre o locutor para praguejar uma vez todo o infortúnio para o qual não havia resgate suficiente para refazer o final. Reconhecia um par de luvas que haviam sido deixadas propositalmente em cima da mesa para que fossem vistas por ela, que seria a heroína de todas as histórias que contaria mais tarde aos que se habilitassem a me ouvir um pouco mais. Só por um instante, seria mais que o necessário para cair ao chão, em um desmaio inesperado, que levaria comigo todo o encanto do que só a mim havia sido contado. O meu planejamento havia se esgotado muito antes, e tudo o que esperava era por um pouco de aventura, algo que lançasse novamente ao primeiro brilho. Quando a multidão se reuniu em volta, senti-me flutuando, e seus olhares formaram uma ponte, erguendo-me a um patamar no qual eu podia observar todo o horizonte de revelações que se espraiavam, reconduzindo todos a seus dramas cotidianos quando se cansavam de assistir ao espetáculo vespertino que lhe havia roubado a inocência por um segundo de hesitação, no qual se perguntavam o motivo de ter saído de casa em primeiro lugar. O rolo compressor se aproximava deles e eu bem queria alertar, mas quando abri os olhos retornando, estavam já bem longe, e viam-se apenas vultos, sentindo-se a brisa suave que haviam deixado com suas originais oscilações.

86

ANDRÔMEDA

O fanático cruzava a rua em um pé só. Queria se vangloriar por concluir a trajetória transmitindo o que havia lhe sido dito por um fiel que disseminava a escuridão de plásticas compreensões, estonteando o cloro que era jogado entre as pessoas que se recusavam a perceber da mesma forma, da maneira imposta por deletérias visões da realidade. Ousaria ele se recusar a seguir o caminho traçado por seus ancestrais? Não saberia responder, porque os dias agora passavam depressa demais, e já não havia tempo para paralisar o momento, analisando-o com cuidado e higidez necessários para uma conclusão acertada sobre qualquer incidente do caminho. Tudo que seria, já era, e tudo o que era, havia sido há muito tempo, e eu nem mesmo poderia me tocar, pois já havia sido, e quando simplesmente pensava em minha pessoa, já era, não era mais. E nem sequer existia, não saberia mais responder com convicção quem estava pensando agora. Eram apenas sombras de uma passagem já distante, que em um milionésimo de segundo havia uma eternidade impressa naquele momento. Minhas mãos seguravam o papel com o resultado do exame. E não seria sensato abri-lo sem a presença de todos os interessados. Queriam saber se haveria uma segunda chance, antes que fossem esmagados em terra fofa, engolindo os ossos, e guardando para além uma memória arqueológica, quando paleontólogos os encontrassem, reconstruindo histórias com parcialidade duvidosa, e pouco guardando de veracidade com os fatos originais. Queriam viver um pouco mais, pois seriam os próximos a estourar os miolos dos presidenciáveis, limitados por seus orgulhos inflados de certeza na própria capacidade de visão. Mas tudo era apenas impressão e não enxergavam nem mesmo a si próprios, mergulhados em lodo escuro, que se grudava em seus corpos enxutos, que esbravejavam contra a vermelhidão dos novos tempos.

87

PLÁCIDO

O monstro se aproximava com mãos ligeiras, queria levar embora tudo que havia sido erguido com muita persistência e resignação. Não haveria qualquer possibilidade de permitir que entrasse na vila. Todos seriam surpreendidos com sua aparição repentina, entristecendo a todos os que esperavam por um pouco mais de recompensas pelos trabalhos prestados. Não desejavam sua visita precoce. Era certo que poderiam festejar um pouco mais todo amor concedido a uma obra que levava a assinatura de todos. Mereciam uma explicação os pequenos. Ainda eram aprendizes de uma levitação que levava todos os afetos para uma distância imensurável, fazendo doer os corações que se ressentiam por não ter estragado os motins mais cedo, quando ainda era possível contê-los. Minhas mãos também se juntaram as suas. Éramos um, na tentativa de estancar todo o derramamento que se apresentaria antes do entardecer. Quando todos estivessem cortejando a beleza da reunião, dançando livremente, cantando e confraternizando as vitórias adquiridas, ela chegaria. Aproximar-se-ia com vagar, espantando ao grupo principal, aquele que enxergava tudo um pouco antes dos demais. Eles virariam os olhos para o outro lado, negando a presença daquela que transformava tudo em luto e desolação. Flutuavam pelo local alguns seres herméticos, que poderiam entrelaçar os raios de cálcio que haviam sido furtados por nossos irmãos mais antigos. A fome ainda era sentida por alguns. Esses queriam saciar-se. Nada lhes teria sido recompensado se não fossem pelos mais dedicados à causa de fazer plenos e iguais nossos arquetípicos fardos. Estava mais uma vez reunida com os mestres, e perguntaria a eles o próximo passo. Só assim seria possível obter alguma luz.

88

CENTOPEIA

O cubo havia sido jogado para o alto, e aguardavam com ansiedade sua chegada ao chão que indicaria qual a estratégia de libertação do povo oprimido pelas centúrias estigmatizações perpetradas por longos períodos de governabilidade suspensa pelos jóqueis que trafegavam tranquilos nas ruas ensolaradas do mais antigo espetáculo encenado por nossos rinocerontes. O claustro também exercia papel nesta peça organizada com fins militares, que eram os faustos idiomas do povo esquecido. Uma nuvem se precipitou sobre os espectadores, que haviam deixado seus lares tardios, apenas para ver a atriz principal, aquela que ensejaria os maiores suspiros dos marmanjos entediados por suas vidas privadas habituais e rotineiras, organizadas pelos mais velhos, que haviam sido os responsáveis por toda a sorte de desgraças que lhes acometiam agora. Isso era a mais pura verdade. Nenhum deles se sentia responsável pelo que quer que fosse. Sempre havia alguém a culpar, e não eram eles os trágicos personagens de si mesmos, representavam apenas algum moribundo que havia sido rodeado de moscas varejeiras que queriam pousar em seus corpos infectos, que não apresentavam a vivacidade daqueles atores principais. Esses sim valiam todo o esforço, a longa distância percorrida a cavalo para vê-los em suas sublimes interpretações, que mais pareciam a vida real, enquanto essa sim, não passava de mera eloquência fajuta, revelando-se sempre um pouco aquém do esperado. Quantas lapidações seriam necessárias para fazer brotar uma faísca de jovialidade e hombridade naqueles que passavam os dias rastejando farelos em volta das residências oficiais, que eram guarnecidas com o mais puro mel que vinha de campos longínquos, exalando o perfume do vivo néctar da liberdade. Queria saborear essa peripécia. A melhor trôpega fascinação, que iluminava os olhos famintos daqueles que imploravam pela passagem dos anos, com a chegada do novo tempo prometido.

89

O VIAJANTE

Jorrava de uma fonte a primeira saída para todo o enigma causado por antecedentes retorcidos diante do mal relevado por tanto tempo. Gostaria de se impor ao menos por um momento, antes de revelar todo o espectro de ostentação e perceptíveis fábulas escritas por malsucedidos transitórios que apenas brincavam de ser despertos para algo que ainda estava por vir, trazendo à tona apenas uma faceta das gélidas e distantes montanhas do saber. Seria previsível demais, caso se apresentasse diante dos seus contemporâneos, repetindo o hábito de não trajar a praga que pairava sobre todos os distraídos, que se balançavam de um lado a outro, procurando encontrar um modo de dizer aos menores que não havia mais saída para todo o mal-entendido cultivado por tanto tempo. Nos seus méritos, buscavam estabelecer um sentido para que tudo voltasse a ser exatamente como sempre fora, não deixando qualquer espaço a um novo renascer, que não seria bem-vindo em meios tão purulentos, que haviam se habituado a rastejar em meio à dor e à sua própria degenerência, hostil e sombria, querendo engolir qualquer resquício de luz que se aproximasse, não sendo bem-vinda a esperança que ofuscaria os olhos já focados em um outro local, acostumados a perder e sofrer, andando sempre em círculos, olhando para baixo, com uniformes já abatidos, saias compridas, segurando uma vela, velando o morto, apegados, tão enraigados, num luto sofrido, chorando as lágrimas da despedida, tão difícil de ser dita, a última palavra, o último adeus. Orgulhava-se de não ter espaço para nenhum de nós. Era fechado. E não apreciava dizer venha comigo. Queriam e poderiam elevar aos céus, em um giro secular, levando consigo toda falta de compreensão, e trazendo de volta a renovação. Relutava em não ser mais o eleito para nossas verdades, seremos sempre mais.

90

RETICÊNCIAS

Guardava dentro de um armário uma bata escondida, que era destinada a momentos especiais, tais como aquele que viveria naquele dia tão aguardado por seus ancestrais. Vibravam pela possibilidade de vê-lo novamente sorrindo e refazendo seu desejo em locupletar-se das vãs sabedorias lançadas em desalento por um tempo de ousadia e rejuvenescimento de cátedras espetaculares em relação ao pó já superado de nossas virtudes. Fazia questão de dizer aos que se aproximavam que não teria sido outro o destino se estivesse ele ali, era muito além a compreensão de nossos momentos, nossas verdadeiras realizações e tapumes de séculos feridos por uma falta de bom senso que imperou por nossas joviais pretensões. Saberia se opor aos novos e revelados rapéis na relevância de bons hinos, cantados com o vigor de uma bela nota já se esvaindo, da qual ainda estávamos dependentes na esteira do viver. Quando saísse às portas da rua, olharia nos olhos cada um que se aproximasse, entregando a eles, em sua individualidade única, a chave do despertar, na interação dos corpos, daquilo que seria dito logo mais na anunciação do porvir. Estavam lançados os dados, e tudo agora era regido pelo maestro maior, que acompanhava cada passo com atenção e respiração ofegante, incorporando-se aos mais ligeiros no perceber. Não sabia se diferenciar de seus irmãos, sempre ostentando um certo desprezo, mas não conhecendo a essência do seu remédio, o que já é escrito, e não mais fadado ao próprio querer deserto de uma vã incidência do pecado. Partimos em desconforto, um navio ao novo mundo, estávamos ali novamente, vivendo a epopeia desta saga eterna, que são se contenta em apenas persistir.

91

JUVENTUDE

Louvado seja todo aquele que sustenta um dólar antes de se jogar ao abismo na escravidão flamejante dos torpes vícios tardios. Hoje seria um dia como outro, se não fossem pelas esqueléticas traduções feitas em tempo do martírio final. Diziam ser capazes de prever qualquer imprevisto no sacrilégio dos maus mandos góticos e febris. Inclinava-se a um breve elatério de fissuras mal cumpridas e estendidas no mioma da humanidade, cansada de se opor à corrente do medo. Gostava de balançar o berço pronunciando palavras que marcariam para sempre o pobre ser que havia sido lançado no espaço sideral sem questionamento prévio acerca de suas vontades e consequências. Parecia orquestrar uma resposta quando alguns apáticos pedestres diziam ser necessário se jogar do primeiro prédio encontrado para que durante a queda pudesse refletir sobre os malfeitos. E se houvesse arrependimento, aí sim, seria concedida uma nova oportunidade de revelação. Mas antes alguns se espremiam no banco de trás de um carro de décadas atrás, era azul e andava pelas ruelas da cidade causando impacto aos que não reconheciam o mesmo tempo que vivenciavam, em suas ergonômicas, platônicas e tectônicas patinetes que não seguravam o peso de um elemento tão propenso a ataques epiléticos constantes e diuturnos, que faziam tremer o chão por onde passava. Uma turba seria necessária para elevar o cenário ao novo século. Não era mais permitido transitar desatento, antes fosse assim todo o tempo perdido. Custar-me-ia apenas um centavo até que pudesse bendizer novamente o local. Joia rara, essa que te ofereci.

92

RASTEIRO

Olhei para os lados me certificando de que não havia ninguém. Eram quase quatro horas e não era de costume daquele povo se prolongar em longas conversas noturnas. Pouco havia a dizer. Eram sempre os mesmos que insistiam cansados em manter o diálogo. Parecia irascível cultivar a esperança de dias melhores, mas mesmo assim oravam em silêncio pelo recomeço dos tempos. Queriam habituar-se ao vazio que rondava o *habitat*, mas sempre eram pegos de surpresa quando alguém se lhes aproximava pedindo ajuda. Sempre estendiam a mão. Nunca questionavam os motivos e as razões da aproximação. Estavam sempre aptos, e o que mais queriam era estar corretos em suas percepções. Não era outro o dia em que me aproximei deles. Era o mesmo, era sempre o mesmo dia. E as fontes não secavam jamais. Jorravam a esperança e a persistência do sentir. Algo que se renova sem entender, sem questionar. O mais velho dos sinais, aquele que não se cansa, não se esgota. Permanece inteiro. Quem está aqui agora? Esse alguém não está lá, apenas aqui. O que está aqui, não pode estar lá. Mas quem está lá, está também aqui. Esse é o segredo. Sorrio para você pela proximidade da verdade. Desejo-lhe o que há de melhor. Nada se afasta. Tudo sempre foi. O POTE.

93

VERSÕES

Qual o medo que atravessa nossos pulmões sem ter sido convidado? Somos o avesso do recomeço, o que se perde aos grilhões! Nosso aspecto de pouco caso fez retorcer as piores eleições. Guardamos espectros.

94

RELATIVO

Relativo ao golpe, posso apenas dizer que espero o próximo passo. Não somos capazes de perdoar equívocos passados. O que existe sempre retorna e não deixa em segundo plano a insistência na corrupção daqueles que coroam a transcendência dos sentidos. Na história dos passos solícitos, poucos foram os que realmente compreenderam o chamado. A grande maioria preferiu se esconder atrás de uma parede qualquer, aguardando a tempestade passar. Esses eu enxergo melhor, iludidos que estão. Recolho-os, um a um, e lhes desejo melhor sorte da próxima vez. Não lhes lamento o destino. Apenas observo suas atitudes e as recompensas que pensam obter ao se esquivarem do inevitável. Não lhes tenho pena. Não me agrada aos olhos o que vejo, e isso me é o bastante. Cumpro o que me é designado e os auxilio na despedida de seus enganos. Certo dia, um deles me chamou especial atenção. Estava por demais temeroso. Tremia dos pés à cabeça. Completamente perdido, não sabia o que fazer. Estava aturdido, perplexo, diante de seu destino, o que lhe havia acontecido, não sabia o porquê. Esse eu o deixei. E ainda o observo até hoje.

95

O HOMEM

Relampeou e fui até a janela para me fazer testemunha do holocausto. Não poderia eu me ausentar desta derrocada que se aproxima a passos ligeiros, trotando e chamando a atenção dos mais sensíveis aos sinais. Seria eu uma testemunha ocular de tudo que se sucederia. E chamado a depor, narraria eu todos os meandros e pormenores de cada queda estabelecida diante dos olhos meus. Não sem espanto, mas ainda resguardando certa elegância, estaria elencando os acontecimentos em ordem cronológica, ressalvando cada pequena alteração no espetáculo matinal. Queria ser o mais verdadeiro possível, detalhando tudo o que meus olhos, um tanto quanto tendenciosos, haviam captado. Faria sim algum fricote, realçando alguns aspectos mais lisonjeiros que pudessem interessar a mais alta sociedade parisiense. Somente assim poderia eu me firmar como um homem de boa-fé. Seria eu um espelho aos que me seguiriam me honrando as sandálias. Certamente não me arrependeria de nenhuma de minhas decisões. Era eu um homem probo, justo e honrado. E a coragem não me faltava. Trataria logo dos assuntos mais corriqueiros para somente após, em tom de disfarce, abordar o tema principal daquele encontro: nossas contradições. Não negaria nada do que fosse acusado, deixando todos em dúvida, já que ser algum aceitaria aquelas acusações se não fosse para proteger outro, este sim o verdadeiro culpado de todo o ocorrido. Plantando uma dúvida no coração de todos aqueles jurados, sairia incólume pela porta da frente do Tribunal, segurando um sorriso nos lábios, que só poderia ser libertado horas mais tarde, quando encontraria sua amante e cúmplice de todo o planejado. Um cachimbo acenderia pela honra dos pretéritos, que haviam lhe empurrado até ali. E certamente repetiria este feito muitas outras vezes, era essa a sua história. E não regressaria jamais.

96

A GOTA

O Totalitarismo europeu deteve o avanço por certo tempo até que se eliminaram as perspectivas de melhora dos sintomas. O descaso com as respostas dos militares foi efeito de uma revelação contra os princípios impostos. Qual a causa deste mistério? Participei a você toda a angústia que vivi. A colagem foi consequência da metamorfose das personagens vividas. A partir do instante em que deslizei entre os sinais, personifiquei a estratégia. Os meninos estavam perto da janela no momento em que a explosão aconteceu. Nossas mãos voaram longe. Restou o pranto sofrido de ter vivido em vão. O necrotério estava lotado. Esperamos na fila até que fôssemos chamados. Mastroria. Que se vá antes que fique tarde e eu não possa mais olhar para seus olhos verdes. Rasguei a carta antes mesmo de ler, tamanho era o desgaste por você ter partido. Clonagem. A visão que tive de você pode esclarecer muitos dos meus questionamentos. O mapa da mina terrestre foi entregue em mãos ao general que se esqueceu de avisar aos outros. Quanta culpa! Carrega-se o pranto de tantas vidas perdidas. O arco se fecha e se completa. Não poderia ter sido de outra forma. Não teria sido outro o resultado se não fosse você por lá. O pincel eu te ofereço para que pinte um novo caminho. Perseguimos a vitória até o fim. As manchas que foram expostas em frente a tanta gente não poderiam ter sido vistas por outras pessoas. A participação ocorreu conforme o previsto. O peso foi dividido entre os ombros seus e os meus. Perdoo você, mas peço que me perdoe também. Nossos pecados se anulam na medida em que percebemos nossas falhas. O tapete foi estendido diante de nós. Comemos do mesmo pão e bebemos do mesmo vinho. A tapeação não serviu para nada. O imprevisto veio mesmo assim. A terra batida foi entregue em mãos para os soldados. Guarda no seu coração esta mensagem. Novas revelações virão até que solucione toda a questão.

97

GUADALUPE

O trote era a dança principal. Costumávamos dizer que movimentávamos cidades. Os olhares voltavam-se para o centro e o show começava. A admiração era grande por todo o trabalho que se realizava. Estampado no peito, estava o brasão de nossa pátria. Gritávamos impropérios diante do público. A questão levantada divide as multidões e, no centro de tudo isso, reside um poema que traz versos em prosa e que lembram de quando éramos jovens e buscávamos respostas para todas as perguntas que surgiam. Jogávamos no caldeirão a fórmula e rogávamos para que viesse a resposta. Mecenas. Teu povo é teu cartão de visitas. Tua morte é teu recado. Tuas vestes atiradas ao chão indicam a coragem que tiveste para alardear tudo o que sabias. Traduzimos as canções e bloqueamos as entradas dos castelos. Parmênides.

98

MISANTROPO

Os troféus foram entregues antes mesmo que a missa chegasse ao fim. Coniventes com o impacto fomos. Estávamos lá o tempo todo. Olhando de longe. Qual o sentido de tudo isso? Não saberias responder? Os desajustes foram grandes e geraram interpretações equivocadas da realidade.

99

PACIÊNCIA

A chave do que foi perguntado encontra-se escondida entre os escombros de sua alma. O passeio foi longo. Quase perdemos o caminho de volta. O peso que foi retirado de tuas costas é grande. Agradeça, pois ainda há muito a percorrer. Agradeça cada curva do caminho que permite te tornar quem és.

Não quero mais permanecer aqui!

100

QUARTZO

O mistério intensifica a força com que as trombetas ecoam e anunciam novo tremor. O sol já não é mais quadrado. Distorce as imagens através do tempo e choca-se com um ser amestrado que finge não ver a realidade. Desculpa, se te orientei de forma errada. Não fui claro o suficiente para que pudesses entender que os caminhos que percorri foram diferentes dos teus, e isso gerou desunião. Pude compreender o abismo existente entre nós dois quando olhei para o alto pela primeira vez. Os olhos se abriram e a luz que brilhou intensa refratou e atingiu um ponto um pouco além do que havia sido almejado. Percorremos um circuito em que as bases se alternaram em concordância. O peso da onda que subia e descia pelas ladeiras ensurdecedoras traziam lembrança de um passado que não passou. Lembro-me dos pés esbarrando-se trigueiros. Estivemos juntos. Participei deste evento. O caso contado depois do começo não é capaz de narrar com perfeição o trilhar dos envolvidos, mas traz uma fotografia capaz de revelar vislumbres do que foi. Muito mais do que isso. Te dou uma pista para que possas levar adiante. O pacto demonstra que não somos mais o que fomos um dia, estamos como insetos que se debatem e se batem antes de açoitar a fêmea. Pesquisas promissoras. Uma grande emissora. Tremeluz a novata que guarnece os embutidos guardados no esconderijo dos mais antigos. Pesticida de valores impróprios para o momento. Sirvo a ti o melhor vinho para que possas entender o tópico levantado nesta reunião. Penteia os cabelos, tira-os do rosto, costuma estar contente em meio a um estado de isolamento quântico. Misto de ternura mistura-se com a sensação de estar aqui e não mais aqui. Azar.

101

CENSURA

Todos os avisos foram dados. O sino tocou mais uma vez. A largada foi dada. A tragédia foi prevista. A dor foi sentida do lado oposto do mundo. As brasas subiram e encostaram na carne dos aflitos. O suor se fez sentir em gotas gélidas na pele dos que aguardavam o resultado. Poucos souberam conduzir a experiência. Os questionamentos eram muitos. Preenchiam o tempo dos doutores. Colecionei tinturas de outros pintores. Cerimônias veladas realizadas escondidas embaixo dos panos. Pesquisei em todas as fontes. Busquei o seu cerne, sua luz. O clarão explodiu. Troquei de campo e atormentei as sementes.

102

GUACO

Sentimentos eu encaminho a ti. Não posso mais aguardar que estremeças novamente as esperanças para poder encontrar-me com seus espectros retorcidos que se incendeiam diante do espelho, sem buscar a espera do apogeu. Boatos circundavam o ambiente. Havia alguém a ser decepado naquele local. Não seriam os seus atos dignos de uma dinastia secular que havia por muito tempo imprimido todas as normas. Ergui-me diante de ti e te desafiei. Não aceitaria tal destino, não seria justo sacrificar-me por todos os outros que haviam comigo pecado. Não seria eu a representação de todos os erros de uma geração inteira que não seguraria a minha mão em meus últimos momentos. Foi aí, quando me enchi de coragem, que encontrei as forças para fugir. Por uma pequena abertura na janela, consegui encontrar o caminho para a liberdade. E lá fora, muitos me acolheram. Os que não tinham julgamento, que se encontravam também na malha da corrupção e da chantagem. Esses sim, sabiam o que era viver o que lhes havia sido destinado, sem pestanejar, cumprindo sua própria trajetória, junto aos ratos, eles sim nossos irmãos de sangue e de espírito. Escondi-me por muito tempo em uma pequena cidade chamado Caibro. Recomecei. Gritei para o Universo que eu ainda estava aqui, e não me apagaria. Fazia parte de toda a trama. Um dia, reconheceram-me. Implorei pelo perdão. Mas esses não, não eram capazes de reconhecer a si mesmos. Então, levaram-me em meio a toda a multidão. Atearam-me fogo, e viram a si mesmos, até o último suspiro. Estou aqui. Minha presença é eterna e ecoa a cada momento de minha breve existência.

103

A ESCUTA

Estive pensando recentemente nas consequências de todos os atos já cometidos nesta recompensa. Oito foram as vezes em que hesitei antes de dar seguimento ao que havia planejado. Primeiramente, medi todos os passos. Só quando tive certeza, fui em frente. Eram muitos os obstáculos, e os atravessei um a um. Algumas vezes na caminhada, outros juntaram-se a mim, seguíamos juntos. Em uma estrada de terra, estávamos enfileirados. Quando um de nós ficava pelo caminho, resistíamos em aceitar. Era a ele quem dedicávamos nossos próximos passos, até que nos esquecíamos, e seguíamos marchando no mesmo ritmo. Certa vez em minha frente encontrei uma cratera muito profunda. Imediatamente, parei. Olhei para o fundo tentando encontrar o seu fim, onde terminavam aquelas que seriam incontáveis horas de queda até encontrar terra firme. Não pude ver o seu término. Sentei-me em frente a esse poço. Instigava-me e dali não poderia mais sair até resolver o enigma. Enquanto isso, os outros seguiram. Eu permaneci. Quando os primeiros cabelos brancos começaram a surgir, ainda buscava compreender por que razão havia ali um buraco. Ele não estava no mapa que havia me sido entregue pelos responsáveis por essa jornada. Era imprevisível. E essa era a razão de me desafiar com sua determinação em permanecer, imóvel. Nada dali saía, e ali eu não via nada cair. Mas tinha uma vida, algo que chamava a atenção, reluzia, e parecia convocar. Um outro viajante aproximou-se, depois de muito tempo havia uma companhia. Alguém que compartilhava do mesmo encantamento por aquele que ali estava, sem ser convidado. Quando me juntei ao andarilho, pudemos dialogar sobre tudo o que nos prendia. Queríamos saber do que era feito.

Quando nossos amigos voltaram de seus destinos, nós nos encontrávamos ainda no mesmo lugar. Olharam-nos, cumprimentaram, saudaram nossa determinação. Olhamos firmemente em seus olhos, saudosos, solícitos, buscando encontrar o que ainda nos conectava após esse afastamento temporário. Então descobrimos, era ele, o poço quem nos unia, e por isso nunca poderíamos tê-lo deixado. Quando isso percebemos, fechamos os olhos, e agradecemos uns aos outros por termos finalmente nos reconhecido.

104

PLACEBO

Uivo pela noite clara, procurando uma forma de te encontrar. Sustento minhas posições para que possa gostar de meus próprios estratos, hoje chorei. Encontrei novamente teus holofotes. Apontavam para todo e qualquer erro cometido, não buscavam a glória, mas apenas o que restava para ser deglutido de toda a esbórnia de nossa fraternidade. Jurava que não seriam esses os joviais interesses daquela população. Pareciam caminhar para lado diverso do apontado pela maioria dominante. Mas não, seriam eles também esmagados pelas tendências do que era descrito com parcimônia contida? Não, jamais poderiam ceder aos interesses governamentais. Queriam muito mais que isso. Eram apenas principiantes em busca da melhor forma de sobrepor seus ideais perante a nação. Calígula. Batizei teu nome de João. Faríamos outro poema se pudéssemos rever nossos entendimentos. Mas quantos sermões seriam necessários para que viesse à tona toda rapidez de nossos pedidos? Ignóbeis versos, na versatilidade de nossos mordomos.

105

ANSEIOS DO SABER

Hieróglifo. Tateava em seus exemplares desencontros a melhor fórmula para te revelar minha estrutura pré-histórica que insistia em revisar conceitos os quais não eram dignos de labuta e sofisticação. Reticentes com a procriação dos faraós, igualava-me aos mais próximos do rei. Varíola. A peste que a todos ocupava. Pareciam descobertos agora, nada mais os protegeria. Seriam tomados pelo pavor de suas próprias finitudes. Orgias haviam sido perscrutadas. Parecia ininteligível aos que instrumentavam o passeio com dínamos os quais eram senão a predição dos trajes incultos. Uma tormenta se ouviu ao longe, e alguns se esconderam nas cavernas mais próximas, relutando em se entregar ao desconhecido Deus que se aproximava, anunciando nova Era, na qual não havia espaço para velhos dogmas, os quais haviam sido sepultados junto ao último dos tiranos, que agora era motivo para deploração e débito diante do Maior. Iguarias, sentimentalismos corruptos, uma panaceia de maledicências que se propagavam alimentando as imaginações dos mais propensos ao devaneio. Orgulhar-me-ia eu de ter prescrito essa receita ao povo mais elegante de todos? Mostraria sim a regência deste Mundo, do qual nunca nos afastaremos do próximo ato.

106

FÉTEDRO

Seriam inapropriadas as expressões utilizadas a seguir? O semblante denotava certo desconforto ao se deparar com temática não associada às mais clássicas participações que se encontravam no local. Queriam escolher outro paliativo para abordar na semanal quimera que tomava lugar. Quando foi proposta essa discussão, alguns regurgitaram, rejeitando tratar de tão abominável aspecto, preferindo gargantear algo mais pérfido e olfativamente agradável. Os poucos que permaneceram se entreolharam na ânsia do que seria dito em seguida. Tumidamente, patenteavam o sabor de suas miseráveis voracidades. Furtivamente, aspiravam agradar à dona da casa, que promovera aquela reunião para tratar de assuntos que lhe agradavam o paladar. Se necessário fosse, fingiriam compreender por que havia sido trazido o tópico polêmico, afastando a todos que frequentavam o espaço há longa data. Pretendia ela se regozijar diante do anestésico que havia jogado em cada um dos presentes, furtando-lhes a expectativa de uma agradável tarde ensolarada na qual seriam os mais banais pergaminhos relegados indevidamente ao escárnio e a manutenção dos pálidos e exotéricos romances constantemente financiados pela Corte? Percebia muito pouco o que ocorria, mas sabia ela que era necessário chocar para que se revelassem uma a uma as verdadeiras intenções por trás daqueles que a galanteavam com tresloucado agir. Fabricavam uma plácida cartilha de princípios impostos sabidamente por aqueles, cujos interesses eram defendidos a todo custo. Esses queriam sempre mais e qualificavam-se mais capazes de escolha e liderança. Julgando-se mais propícios aos propósitos, alimentavam-se de tudo o que era jogado fora, guardando tudo em recintos escondidos, muito distantes, na opaca noite de suas parciais gentias. Intrépido. Nomeavam os próximos eleitores. Tinham todas as cartas marcadas. Não esperariam jamais o próximo golpe. Exunda.

107

BLASTÓPORO

Viajava em uma das mais inocentes formulações, quando me surpreendi com o verso recitado por um mendigo que fitava meus olhos como quem pudesse reconhecer a essência mais profunda de um ser humano esquecido de seu desígnio, torturando-se em vis confabulações que não levavam a lugar nenhum, mas apenas confundiam os sentidos da sátira na qual havia se tornado todo o seu seguir. Nas pedras distribuídas aleatoriamente entre os dançarinos, reservei-me o direito de segurá-la com muita força, para que não se familiarizassem com os primeiros aspectos da saga noturna que eu pretendia lhes oferecer. Intentava opor-me a cada sinal de revanche, ocupando sempre o espaço um pouco à frente, impedindo assim que fosse feita a primeira declaração de emancipação. Para sempre estariam caminhando em círculos, já que BOCHA havia sido deturpada, em uma sabotagem suprema, enquanto todos voltavam seus olhares para o outro lado, a astúcia daquele ser impressionava até os mais oncóticos. Gostava de se ver todos os dias refletida na pele daqueles que estavam sempre um passo atrás. Usa um laço cor de rosa, despistando os que se sentiam seduzidos por sua beleza singela e pueril. Teria sido a primeira de muitas as flâmulas que lançaria ao povo distraído. Organizaria um motim, que estremeceria as bases de um enfático Senhor, que desejava arduamente manter o poder, mas não se atentava aos detalhes. Faria todos caminharem sem roupas pelo convés, e apenas assim estaria completado o seu reinado, regado a diversões que se rebelavam contra os fremidos batráquios que ululavam em cólicas intestinais. Adeus senhora, vou-me em paz, aguarde-me, estarei sempre aqui.

108

A SERPENTE

Foi uma falha na percepção que percorreu a espinha antes do decisivo momento que determinaria a sequência de eventos surpreendentes que viriam a seguir. Não era uma nem duas as vezes em que havia tentado avisar sobre os perigos da brusca e repentina saída para um inabitado palacete, ainda repleto de protuberâncias vazias de existir. O gole havia sido tomado em um rompante, com severas punições e balancetes já destituídos de razão. Na remota hipótese de alcançar novamente os sinos, soube valorizar a juventude recalcitrante que viola os próprios métodos ao desviar a rota sem chamar a atenção para o tópico alarmado pelas fatídicas e remanescentes vitrolas. O mérito era todo do falastrão, que não gostava de se expor sem antes organizar uma forma de se justificar por todos os enganos que certamente viriam, travestidos de simples equívocos sem importância. O laço todo ele envolvia a equipe de estudiosos. Ornamentações sedutoras que impediam o grupo de se unir novamente, afastando os espectros superiores e expulsando as lânguidas caravanas que vão ao longe.

109

BENEDITO

Certo dia, estava escrevendo uma carta, quando parei e olhei pela janela, vi passando por nossa casa, uma procissão. Levava uma imagem antiga, e todos pareciam buscar algo que não estava lá. Quando me viram na janela, acenaram a mim, convocando-me a estar presente com eles, a deixar minha casa e seguir na companhia dos que me chamaram. Eu tinha a certeza de que não poderia seguir com eles. Eram muitos e eu não estaria bem entre eles. Na solidão de minha casa, eu seguia de um cômodo a outro, questionando-me a melhor forma de não os decepcionar com minha ausência. Então, compus uma canção, entoei ao longe como agradecimento pelo convite, e aguardei a reação. Fiquei surpreso quando vi que algumas pessoas se destacavam entre as outras, tinham um brilho diferente, e me olhavam com mais intensidade. A casa branca era pequena, não caberiam todos os convidados. Então, vesti minha melhor roupa e aguardei que chegassem. Tamanha foi minha decepção quando percebi que não vinham, que eu restava sozinho, a multidão se fora, e nem ao menos uma alma juntara-se a mim. Permaneci perdido por longo tempo, sentindo a solidão e a angústia por todos os que não vieram, por todos os que eu chamei, e não me ouviram. Quantos ilusões carregariam? Ou seria eu o culpado por esta ausência? Por acaso estaria tendo alucinações? Já eram tantos os anos de isolamento, eu não poderia mais perceber a realidade? Quantos teriam chegado e partido? Minha percepção não havia me enganado, eu ainda era capaz de olhar pela janela. Ainda via os rastros de tudo que havia sido, de toda a vida que havia perdido, nas canções que não cantei, das rodas que não participei. Merecia eu outra existência? Parecia tão pouco o que havia passado. Ainda esperava por todos vocês. Sentado em meu trono, olhava para tudo, a casa agora era transparente, e tudo podia ser visto. Para onde vai esta multidão?

110

BRASÃO

Estamos aqui e precisamos falar tudo o que quisermos, que nos seja permitida toda a manifestação, sem qualquer questionamento prévio acerca da veracidade de nossas palavras. Não seria verdadeiro se não fosse assim, se fôssemos marionetes nas mãos de todos aqueles que têm sede de poder. Esses querem controlar toda e qualquer palavra que possa ser dita. Ainda guardam tudo em seus olhos profundos. Estamos tão perto e tão longe. Nosso contato é permanente. Quanta dualidade!

111

O BERÇO

Honrarias minha história se eu a contasse? Se eu a entregasse em teu colo que a embalasses como a teu próprio destino, nas penas de nossos piores pesadelos. Estaria eu predestinado a te mostrar o caminho? Já é momento de revelar todo o ocorrido. Estávamos tão próximos naquele dia. Estava muito quente e usávamos pouca roupa. Era o suor de nossos corpos que alimentava todos os seres naquele local, permitindo que se fizesse suspeita tudo aquilo que diziam ser verdade. Tratei logo de negar tudo! Não queria que descobrissem meu maior segredo, as fraquezas, essas que não deixam jamais chegar a plenitude de nossas consciências, essas que vermificam, esbravejam contra qualquer ordem contrária, e brotam do nada, tornando-se unas com tudo o que aparece, e é externo e se encaixa em nossas próprias vivências. Somos então resgatados quando já estamos sendo engolidos pelo rebote de nossas ações, que não geram mais nenhum benefício, nem mesmo os aparentes, que há muito mostraram sua verdadeira face, e deixaram apenas o pranto de um choro sentido, daquele que sabe que perdeu, que errou, que não se levanta mais enquanto não lhe for concedido todo o perdão. Ah, minhas orações, que diriam se não fosse pelo teor de nossos enredos? A minha própria aura me enganou. Parecia correr tudo bem, até que de repente fomos flagrados por nossos próprios eus projetados nos outros, que apareceram furiosos, julgando-nos por nossa própria natureza que se manifestava sem qualquer ressalva. Mas se não fossem pelos questionamentos, quais seriam as razões do viver? O que seria correto seria ao mesmo tempo verdadeiro? Na virada do século, todos foram embora deste local. Não mais questionaram. Tudo ficou cansativo e não eram mais estes os aspectos a considerar. Não mais filosofia. Juntei meus pequenos trapinhos e fui-me também. Não ficaria eu sozinho neste local... qual seria o sentido... prefiro mudar-me. Lá encontrarei meus velhos amigos, para termos uma boa e longa conversa. Só assim poderia passar os meus dias. Não pretendo voltar. Sou apenas poeira no tempo. E estou em constante evolução. Transmuto-me se assim o quiseres. Quase caí na cilada, mas agora, até mais.

112

RASTREIO

Minhas mãos deixaram escorregar o último resquício de esperança de te ver novamente. Havia esperado por tantos dias que adentrasse novamente pela porta trazendo notícias do novo mundo que havia ido encontrar. Chegaria discreto, afagando-me os cabelos, dizendo enfim que tudo havia valido a pena. Que cada momento da trajetória havia sido vivido com toda intensidade e lucidez necessárias. Dir-me-ia, então, que eu também havia sido aquela que ele esperara por tanto tempo. Nesse dia que imaginei, tudo estava tão florido. Havia tantos sorrisos em nossa volta. Tudo era alegria e contentamento. No primeiro momento em que nos encontramos, caminhávamos em direção a este dia. Mas em algum momento da caminhada, olhamos para outro lado, e nunca mais pudemos olhar novamente para cá. Eu ainda estava lá quando partiste. Eu guardava em meu coração aquele momento, o primeiro sentimento, faísca de amor. Mas olhando em teus olhos profundamente, percebi que estavas lá, e então já era tarde, e eu não poderia te resgatar, afinal. Restava a mim ver-te partir crente de que encontraria algo a mais em outro lugar. Não sabia das curvas da estrada, do que viria. Acreditava ser possível chegar ao ápice do mundo rastejando em gotas de lamentação. Meu desejo foi para que fosses feliz. Que encontrasses então o que faltava para te preencher os dias. Mas eu soube que nada fora assim. Me chegavam os relatos, e eu chorava em silêncio sempre que me traziam uma notícia indesejada. Todos os dias eu permaneci contigo, em nenhum momento deixei de pensar em ti. Eu te guardei em meu peito como pedra preciosa que és. Eu quis o teu bem. Eu desejei que encontrasses o caminho correto, mas ainda não podia ver. Minhas mãos abriram a carta que havia me deixado ao partir. Uma lágrima de sangue escorria... Estávamos todos sendo ludibriados pelas expectativas criadas artificialmente, injetando-nos ilusões, dia após a dia, por todos os meios de comunicação. Nossas mentes eram bombardeadas diariamente por sementes de discórdia e incompreensão. Que somos afinal, senão o fruto desta sociedade doente que nos aprisiona e rasga nossos sonhos desde a primeira infância? Não quero ser pessimista, mas eu percorri esse canal. Conheço cada passagem desta história. Reconheço cada ferida, o que cada um deixou em seu ser.

Todas as vezes em que passava ao lado, esbanjava um ar de superioridade, que ainda não havia sido compreendido pelos demais. Eram sempre os mesmos questionamentos. Nossas índoles não haviam sido laboradas para compreender o real significado da palavra hóstia. Genuinamente, entreguei-te o meu maior presente. Sabia das consequências de meu ato. Guardava uma pequena parcela de intolerância para com os retrospectos de nossos antepassados. Não podia eu voltar atrás na missão. E eu sofri. Eu sofri. Cada dia de minha vida foi permeado pela certeza de que nada adiantariam minhas doces palavras. Mas não cabe a nós deixar de cumprir o que nos é designado. Quem somos nós afinal? Sei que te perguntas. Qual a diferença entre o amor e a dor? O que nos separa? O que nos une? O que nos completa e nos divide? Respondi teus questionamentos em um livro. Ainda não foi escrito à tua perspectiva.

Quando fomos sugados para este local, todos se deram conta do que havia acontecido. Um vacilo, e aqui estávamos. Onde tudo era incompleto, vazio. Nada poderia aqui ser pleno. E um lado sempre encobria o outro. Então, muitos se desesperaram dando origem à dor. Alguns criaram outros sentidos, dando origem à ilusão. Muitos ainda não se deram conta de onde estão. Esses eu levo comigo. Sorrio-lhes e eles logo se alegram. Então eu os compreendo uma vez mais, e um esboço de conformidade me aquece o peito. Mas quando encontro alguém como você, o que posso dizer-te? A vida é impermanente. O que vemos agora é apenas o reflexo do passado. Não estamos olhando para o presente. Tudo o que vê, sente e pensa, é o reflexo do que já passou. Estamos aguardando-te para uma grande festa. Sei que não acreditas e estamos acompanhando. Ouça a canção do Universo, é o que vos digo.